We must learn to read	我们要学会阅读
To stimulate our imagination	用以激活我们的想象力
To cultivate	耕耘它
Our own consciousness	提高我们的自我意识
Our own belief systems	我们的信仰系统
We all need these skills	我们都需要这样的技巧
To defend	用以抵御
To preserve	用以保有
Our minds	我们纯粹的精神世界
——Detachment	——《超脱》

如何培养孩子的阅读力

沙沙心语 | 著

HOW TO DEVELOP THE READING ABILITY OF KIDS

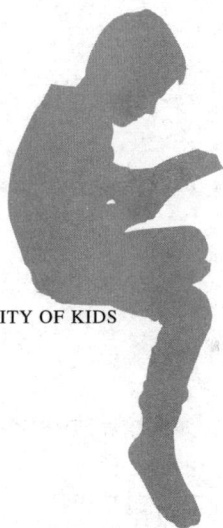

古吴轩出版社

中国·苏州

图书在版编目（CIP）数据

如何培养孩子的阅读力 / 沙沙心语著. — 苏州：
古吴轩出版社，2017.9（2018.12重印）
ISBN 978-7-5546-0968-2

Ⅰ.①如… Ⅱ.①沙… Ⅲ.①阅读教学—儿童教育—家
庭教育 Ⅳ.①G78

中国版本图书馆 CIP 数据核字 (2017) 第 185956 号

责任编辑：蒋丽华
见习编辑：薛　芳
策　　划：张　臣
装帧设计：胡椒设计

书　　名：如何培养孩子的阅读力
著　　者：沙沙心语
出版发行：古吴轩出版社
　　　　　地址：苏州市十梓街458号　　　　邮编：215006
　　　　　Http://www.guwuxuancbs.com　E-mail：gwxcbs@126.com
　　　　　电话：0512-65233679　　　　　传真：0512-65220750
出 版 人：钱经纬
经　　销：新华书店
印　　刷：廊坊市海涛印刷有限公司
开　　本：710×1000　1/16
印　　张：13.75
版　　次：2017年9月第1版
印　　次：2018年12月第2次印刷
书　　号：ISBN 978-7-5546-0968-2
定　　价：36.80元

如发现印装质量问题，影响阅读，请与印刷厂联系调换。0316-62516500

目 录

前言：

阅读是最浪漫的教养，是门槛最低的高贵

Chapter 1 阅读力：

用书"喂"大的孩子，爱思考、会学习、不叛逆

Chapter 2　早期阅读：

早教的重点在阅读，阅读的重点在陪伴

Chapter 3　双语阅读：

别错过孩子的语言敏感期

Chapter 4　分级阅读：
你为孩子选对书了吗

Chapter 5　学龄期阅读：
美国小学是怎么教阅读的

Chapter 6　游戏化阅读：
兴趣是孩子最好的动力

后记
做一个不焦虑的妈妈，是给孩子最好的礼物

前言：

阅读是最浪漫的教养，是门槛最低的高贵

我是一个八岁混血男宝的妈妈，在美国生活十多年。站在中美对比的环境里，我时刻感受着中美家庭教育的不同与大同，在两种文化传统的冲击与交融中，艰难地做着育儿方式的抉择。

我的儿子豪豪是一个典型的调皮孩子，特别是到了"terrible twos"（麻烦的两岁）他会和小朋友抢玩具，抢不过就动手打人。看到这种情况，我会立刻把他拉到一边，很严肃地教育他："为什么要打小朋友？想要玩具也应该和小朋友好好说。要是别的小朋友为了玩具动手打你，你是什么感觉？你也会痛，对不对？"被妈妈教训，儿子总是低着头，要不然就是哭。我就让他哭，等到他哭够了，再带他去给那个小朋友认错，之后才会让他出去玩。

虽然豪豪是一个顽皮的孩子，但还算听妈妈的话。比如电视是每一个孩子的最爱，他也不例外，在三四岁的时候他很喜欢看《蝙蝠侠》

《超人》之类的动画片。我觉得对他这样年龄的孩子来讲，这些动画片暴力的画面太多，尽管我给他规定了看电视的时间，他也能遵守，但动画片依旧每时每刻都在吸引着他。

不能禁止孩子做他喜欢做的某件事，那就用另一件他喜欢做的事抢夺他的注意力好了。于是我给他买了少儿版的漫画书，每次他说要看动画片的时候，我就会说："要不妈妈给你读超人的故事书吧？"他会很高兴地接受。

读书，就没有了那些电视动画中的暴力场景，还可以让孩子感受语言的魅力。

我不在乎别人说我是"中国虎妈"，在很多原则性的问题上，我觉得中国式教育是对的，特别是当孩子做错事情或跑偏的时候，更要借机教育他。

我的幼教课程是在美国完成的，教育观念自然也受到美式思维的影响，所以我愿意和孩子平等相处，做他的好友，陪伴他成长。

豪豪四五岁的时候，曾经有一段时间，我觉得带他去Costco（好市多超市）是一件让人头痛的事情。因为他已经到了不安分于仅仅帮我推购物车或者东张西望的年龄，他更喜欢擅自离开我的身边，跑到他喜欢的货架前看他感兴趣的物品，而我又急于购买家里需要的日常用品无法顾及他。

后来，我想了一个办法，再去购物的时候，我第一时间带他去售书的地方，让他自己选择一本喜欢的书。选完书，他会主动提出坐到购物车里，剩下的时间头也不抬地待在购物车里静静地看书，而我也可以推着车完成我的购物。

在我看来，阅读正是一种美好的教养方式，父母和孩子可以在彼此读故事、讲故事和表演故事的亲子互动中，一起度过快乐从容的阅读时光。

而爱书的孩子，永远不会寂寞。生活所能给他的一切教育，他都能在阅读中得到。

在本书中，我所想分享的，正是陪豪豪享受8年阅读时光的感悟和方法总结，在早教阅读、双语阅读、分级阅读、学龄期阅读等方面，希望能给大家带来一点点触动或启迪。

阅读是最浪漫的教养，也是世界上门槛最低的高贵。

不管是中国式还是美国范儿的教育，我们都应该帮助孩子爱上阅读，养成终身阅读的习惯。用书"喂"大的孩子，通常都爱学习、会思考、不叛逆。

Chapter 1

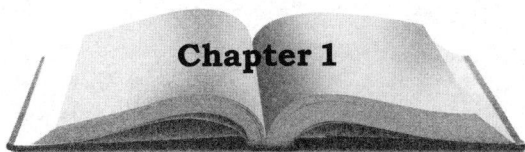

阅读力：
用书"喂"大的孩子，
爱思考、会学习、不叛逆

01　为什么要鼓励孩子大量阅读

吉姆☒崔利斯说："你读得越多，你知道得就越多；你知道得越多，就越聪明。"

在我看来，对孩子的成长而言，大量阅读是最简单有效的学习手段。借助阅读能增强孩子的语言表达能力，增加孩子对更多领域常识的认识和理解，增强孩子思维的广阔性、深刻性、逻辑性。

豪豪上小学后的第一个家长开放日，我在他们的教室看到靠窗的位置放着一张长沙发。老师介绍说，这是给孩子空闲时间阅读用的，沙发可以让他们更舒服地坐着读书。我打开豪豪书桌的小抽屉，发现里面俨然已经放了三本书，其中一本是全文字的小小说，无任何图画插页。

我很纳闷：以小家伙的阅读水平恐怕还不能读懂小说吧？另一位家长也提出了同样的疑问，她认为自己的孩子不可能读懂这类书。

对家长们的疑问，老师作了这样的说明：

为鼓励孩子阅读，学校建有图书馆，班级也有图书角，孩子可以根据自己的爱好，随意选择他们想要阅读的书。

孩子自己选的书，难易程度没关系，老师不会规定孩子要在什么时间内读完这些书，只是要求从班级借的书不能带回家，从学校借的书一个星期内必须归还或者重新再借。孩子第一遍看不懂，可以多看几遍。

只要是孩子自己感兴趣的书，他们就一定有自己的办法读完。这个阶段孩子阅读能力和学习能力的增长速度往往会超出我们的想象。

我看了看豪豪借的这三本书，确实是他自己感兴趣的、讲各种球类运动的书。因为他喜欢篮球、棒球等运动，经常跟他爸爸一起看球赛。而日常生活中，我发现孩子基于兴趣的阅读，确实能促使他们主动学习，甚至有时我们会惊讶于他们竟然懂了很多我们没有教过他的知识。

比如有一次，我开车带豪豪去购物，到了一家商店，我并没有怎么注意商店的招牌上写的什么，坐在后座的豪豪突然把招牌上的字念了出来。我有点惊奇，特意看了一眼招牌，他还真是一字不错地念对了。那是我第一次意识到小家伙的拼读能力似乎突然有了巨大的飞越，因为即便对我来说，他刚刚读出来的那几个单词也是比较复杂的。

5岁的时候，豪豪做作业还需要我帮他读大部分的题目。然而到了6岁，他就一次也没有再让我帮忙了。他每天自己起床后静静地坐在书桌前写作业，等我起床的时候一看，差不多已经完成两页了。我帮他检查的时候，也很少看到错误，只是有些字写得不太规范。

这个变化让我很意外，我曾忍不住问他："你自己可以看明白题目吗？"他拿着作业本把题目念给我听，一点也没错。三个月前他还会混淆一些常用词，短短的时间内居然可以很轻松地念对所有的单词，他的这种进步是我未曾想到的。

在他上学前的那个暑假，虽然我们也是很努力地想保持每日的阅读量，但很多时候因为时间安排上的冲突，会被耽误。反倒是开学之后这一个多月，生活规律回归正常，他才又恢复了每日几本书的阅读量，没想到他会因此获得巨大的进步。

看来老师说的没错，**基于兴趣的阅读是小朋友喜欢的学习方法之一，不仅仅能培养孩子独立思考的能力，还有助于提高他们在学习上的融会贯通能力**。所以他们每天在学校，安排有固定的阅读时间。在老师的教学计划里有大量的阅读项目，以帮助孩子学习单词、音标。孩子们日常对话所用的单词量是很大的，当他们在学习了一点音标、知道了单个字母的发音之后，对照日常用语情景，是可以通过正确拼读和猜测读完许多图书的。也就是说，只要孩子感兴趣，尽管有些书超出了他们目前阶段的阅读水平，也能帮助他们学习和认识新的字词。或许这也正是美国老师特别注重阅读而不限定孩子阅读的图书类型的原因吧。

之后的一段时间，我又在想，其实这个方法也可以用在中文学习上。在美国的华人家长恐怕最担心孩子的就是中文学习问题，我也不例外。2012年刚从国内过完暑假回到美国的时候，豪豪一口极其纯正的中文让我窃喜不已，但很快日常交流中的中文就逐步被英文替代了。即使我每天坚持跟他讲中文，他依然是听着中文，说着英文。这曾经让我很沮丧。

受到美国老师利用阅读来使孩子快速学习英文的启发，我开始思考是不是同样可以加强中文书阅读来促进他自主学习中文。

豪豪有一个习惯：听睡前故事。我和豪豪的爸爸也习惯了每晚给他讲故事。有时候，去朋友家回来晚了，我俩就打算偷懒，却听到豪豪躺在床上进入半睡眠状态时还在说："明早讲故事！"

有一次，他突然捧着一堆书找我和他的爸爸，让我们给他讲故事，我说："太多了，一天只讲三本书。"他严肃地回答："昨天没有讲的，今天要补上。"

我们给豪豪讲睡前故事，往往是豪豪的爸爸念几本英文书，我再念几本中文书。有一次给他读关于恐龙的一册绘本时，他居然准确无误地说出书中大部分恐龙的名字，听得我目瞪口呆——因为那些恐龙的英文名称都是很长的单词，我都经常会念不顺，加上不经常说也容易忘记。可是豪豪读起来却易如反掌，一点也不绕口，就连豪豪的爸爸都惊讶于他能准确说出这些绕口的单词。

然后我就赶紧用中文问他这是什么恐龙，吃什么，他则像一位小老师一样，用中文回答，说得头头是道。他爸爸就问他"你和妈妈说什么"，他又用英文把对我说的中文重复一遍，确切地说应该是眉飞色舞地又讲了一遍。我俩都愣住了，真没有想到仅仅几个月，他语言的进步如此快，甚至包括我一直都担忧的中文！

有一段时间，豪豪还爱上了顺口溜，他喜欢说顺口溜的韵律。一次我给他读"四是四，十是十，十四是十四，四十是四十"，他居然兴致勃勃地跟着念。我便找来之前在国内买的童谣书，每天让他跟着读几首，他也很喜欢。

他爱读中文书，这给了我莫大的惊喜和鼓舞。我相信只要他听得多、读得多、说得多，掌握这门语言一定没有问题。我还计划把中文名著找出来，每天给豪豪小朋友读上几段，看看效果如何。

要是有一天我发现小家伙书桌小抽屉里从学校借的书中也有纯文字的中文小说的话，相信我就真的不用再为他的中文发愁了。

02　习惯听妈妈读书的宝宝更聪明

时不时有妈妈问我，给婴幼儿阅读有效果吗？

于是我不止一次善意地提醒妈妈们：阅读是一种习惯，是可以影响孩子一生的良好习惯。请不要用当下有没有效果评定这件事情，或者说以此来判定自己要不要给婴幼儿阅读。

我们知道孩子胎教的最普遍方式就是听音乐和给孩子读书，以此提高胎儿的感知力。如果说胎教阅读是妈妈们能接受的亲子方式，那么面对出生后的孩子，更没有理由不坚持给宝宝读书呀！

可能有人说："宝宝还小，既看不懂也听不懂，读了也是白读，还要让我这么辛苦给他读，何必呢？"

教育不能太功利！在育儿方面，有些做法的效果也许不是立竿见影的，但如果我们因此在孩子生长发育的敏感期放弃努力和对应的培养，那么等到能观察到孩子某方面能力出现短板的时候，也许需要花费更多的精力去弥补。比如孩子习惯、性格的养成，比如孩子爱听你讲故事还是爱看电视，比如孩子安静下来读书的专注力能持续多久。

孩子早期阅读中你所坚持做的事情，总有一天你会看到它带给你的那份喜悦和欣慰。我是在豪豪3岁之后，才感受到之前坚持阅读带来的好的影响开始在他身上显现。

何况，给婴幼儿阅读，对孩子各种能力的发展是有切实好处的。

一、给宝宝读书能锻炼他对声音的敏感性

孩子出生之后的3个月耳朵很灵敏，他们可以辨音识人，通过周围人的不同声音而分辨出哪个是妈妈，哪个是爸爸。如果在孩子醒着的时候，每天给他讲一两个故事，或者分角色给孩子读各种各样的小对话，或者抑扬顿挫地给他读古诗词，就能很好地锻炼孩子对声音的敏感性和辨识度。

二、给宝宝读书可增强他大脑的活跃度

给婴幼儿读书，是一个和孩子交流互动的亲子过程。这时候，尽管孩子未必能听懂我们在说什么，只是静静地听我们的声音，但他会尝试理解父母正对他做的事情，感受我们的声音、情绪等。这种阅读的行为可以刺激孩子大脑的活跃度，帮助他们更好地发育。

三、陪伴宝宝读书让亲子感情快速升温

婴幼儿的睡眠时间很长，在醒着的时候他会对周边的世界充满好奇，他也渴望有人跟他戏耍。阅读是一个非常好的亲子游戏方式，即使我们刚下班已经很累了，抱着孩子坐在我们的腿上，花几分钟给孩子读一则小故事，让疲惫的我们感受一份安静的爱，同时也让孩子感受到我们的陪伴，在日渐熟悉的过程中能增加他的安全感，也增加对我们的感情和亲密度。

四、给宝宝读书可使他的语言天赋得到开发

孩子语言天赋的发展，绝不能等到长大了、识字了才去做。相反，孩子越小语言学习能力越强。婴幼儿时期是一个很好的语言开发期，家人用各种自己会的语言给孩子阅读，能有效地给孩子做语言启蒙。

也许有人会说，平常多和孩子说话还不是一样？是的，多和孩子说话也是一种方式，但是你有想过一些没有经过严密组织的话语和故事书中文字的差距有多大吗？读故事书会对孩子的语言组织能力更有帮助，会让孩子将来更具逻辑性和条理性。

最后就我坚持给儿子阅读的经验来说，早期阅读确实是给他后来的成长带来了许多可见好处的。在他成长的每一个阶段，一旦我遇到一些棘手问题，都可以借助绘本阅读的引导帮助解决他身上出现的毛病。

阅读是一件很神奇的事情，有些时候我们的教育方式会有偏差，但是一个会阅读的孩子，一个喜欢阅读的孩子，书籍会教他辨明是非，成为一个能听进道理、好沟通的孩子。这一点非常有利于他个人心智的成长，也利于家长在将来的生活中对他实施管理。

03　阅读要趁早，可提升5种关键能力

美国是一个非常注重阅读的国家，从学校到大部分家庭，各种儿童公益活动或亲子活动中，最常见的形式也许就是给孩子们读书了（当然，运动也是他们喜爱的方式）。德国则将"阅读从儿童抓起"作为共识，大街小巷建有各种儿童书店，将阅读当作一项儿童启蒙教育的社会工程。目前我们中国也有许多儿童阅读公益人，为各种阅读推广做着卓有成效的努力。

为什么我们都推崇儿童阅读，而且是阅读要趁早？

因为人的大脑就是一个充满神奇能力的机器，越用越灵活，特别是对大脑功能性结构飞速发育阶段的小孩来说，更是如此。就像"生命在于运动"一样，如何在日常生活中让孩子积极使用大脑的各项功能，就是大脑开发的关键，"use it or lose it"（要么使用它，要么失去它）。

而阅读就是保持大脑活跃性最直接有效的方式之一，阅读的过程中，当抽象的语言符号转化为故事情节和各种生动的形象时，孩子的大脑就能在想象力的驱动下思考、跳动。

让孩子坚持每日一读的习惯，能极大地提升孩子5个方面的能力。

一、积累词汇量

学习的方法有很多种，阅读无疑是增加词汇量的最佳方法。孩子读书时看到不同的生字就会想知道这是什么字、是什么意思、怎么读。我记得我学英文的时候，豪豪的爸爸总是对我说，多读英文书就会进步得很快。我爱看小说，每每拿到一本英文小说，就会在投入地阅读中不知不觉增加了词汇量。

处于语言文字学习阶段的孩子，与其很辛苦地死背硬记生字，搞到孩子累、家长烦，不如培养阅读的习惯，每日读一篇小文章，让他在感兴趣的故事阅读中慢慢地增加词汇量。

二、提升记忆力

每日坚持给孩子读一个故事，然后让孩子用自己的语言说出听到的这个故事，这是我在8年陪读的过程中帮助豪豪提升记忆力的一个诀窍。

即便我们只是给孩子读读故事，当这个故事的情节在孩子的大脑中重现的时候，也是在刺激大脑发挥其记忆存储功能。

三、培养情商，拓展思维能力

阅读其实是情商培养的有效方法之一。读到的每个故事，对孩子来说都是新奇的，似曾相识但也有别于他们的日常生活。当孩子进入书中的场景时，不同人物的对话都会引发他们的联想和思考，他们会对每一个故事中的人物有自己的理解，他们会好奇不同的人为何对同一件事情有着不同的看法和不同的理解。

这些都能帮助孩子从小培养多元思考的习惯，从各个角度进行换位思考，以拓展他们的思维能力。

四、培养专注力

专注力不够是许多学龄期孩子跟不上学习进度的一大原因。

有很多家长问过我，怎么才能培养孩子的专注力？

我说阅读就是能治愈孩子注意力缺失的神奇且健康的方法。

爱读书的孩子相对来说都比较容易安静下来。因为当一个小故事抓住孩子的好奇心，他们希望知道故事是如何发展的时候，他们的注意力就会集中，在书的世界里那种充满获得感的愉悦会让他们坚持读下去。

我们如果每天让孩子花一定的时间在阅读上，长期坚持，形成习惯，最终就会发现，他的注意力能越来越快地集中，专注力持续的时间也会增长。比如3岁以下的孩子，专注力持续时间不长，坐不住，经常会被其他的事物吸引，但是如果他已经养成了一个好的阅读习惯，把和妈妈一起读书当游戏，那么他会建立起"和妈妈一起看书"就应该"坐着看"的这种意识；如果那本书是他感兴趣的，他就会持续很长时间跟你一起探索这本书。

五、享受阅读，排解压力

书籍是最有耐心和最令人愉快的伙伴。如今的孩子课后会有很多作业，在无形中会给孩子很大压力，比如说分数排名的压力、父母攀比的压力以及来自父母"我为你好"的压力，这些都迫使孩子们更需要释放压力。

阅读恰恰是最适合的释放压力的工具，让孩子在书海中找到自己的乐趣，找到释放压力的方法，能帮助他们在学业上有更好的发展。

面对这些阅读的好处，你还会质疑，还会偷懒不给孩子阅读吗？

不要去责怪孩子不成器，孩子的成败往往来自于父母是否采用了科学的教养方式。每日一阅读，只是花费每日一点时间而已，却可以为孩子打下阅读的"童子功"，让阅读成为孩子的一种生活方式和学习方式。

04　书籍能给孩子静下来的能力

　　我的母亲是一个很爱读书的人。她在美国和我一块住的时候，人生地不熟，和洋女婿也没有太多的共同话题，所以母亲最大的乐趣就变成了给刚出生的豪豪不停地念书。只要豪豪醒着，她就抱着他或者让他躺着，然后给豪豪念各种故事，有时候也会念上一些古诗词。那时母亲不让我照看孩子，所以大多数的时候我都是和豪豪一起听母亲读故事。

　　阅读这个习惯是很难改变的。等豪豪长大一些，母亲回到中国后，我和豪豪的爸爸接起了给豪豪读故事的重任。一般在豪豪午睡前，我也喜欢用故事书来哄他安静地入睡。

　　经过这样3年时间的陪读，阅读已经成为豪豪的一种乐趣。在我的记忆中，我们几乎每天都会给豪豪读很多书。有时候，豪豪去朋友家玩，回来以后我们想着太晚了，不要给豪豪讲故事了，这时豪豪会自己提出要求，让我们给他读故事书，他躺在床上听，听着听着就睡着了。有些时候，豪豪起早了，我们还在睡觉，他也会自己待在房间里看书，等到我们起床，他就会跑过来给我们讲他刚才看的故事。

　　阅读在孩子的生活中，已经成了一种习惯，在我们家里，书和玩具一样都是豪豪的好伙伴。在他3岁之后，我发现除了会看图说话，用积累的句式讲自己看到的故事之外，他身上渐渐出现更多让我们惊喜的变化。

　　1.他开始喜欢认字了。

　　2.看到路旁指示牌的时候，他都会问我上面写了什么。

　　3.每当我给他讲故事的时候，他会凭着记忆用手指着书上面的字念出正确的中文和英文。（这是不是很神奇？）

　　4.在我需要休息的时候，他会自己看书来打发时间。

　　5.他最容易接受的教育方式是用故事说明生活中的一些道理。

　　6.和小朋友在一起的时候，他喜欢给小朋友讲故事。

　　7.当他发脾气的时候，给他一本书，他就会安静下来。

　　8.他举一反三的能力变得很强。我们家的书种类繁多，他都爱看，所以有的时候，他会突然知道一些我们没有教过的东西。

　　我观察到的孩子的这些变化，在3岁之前并不明显，只是有时候他会自己一个人安静地翻书；3岁之后，我们突然间意识到他有了这么大的进步。这样的变化让我们感到惊喜、欣慰。

　　听到有些家长抱怨孩子还小，给他读书他似乎也听不懂的时候，我会劝诫这些家长，阅读和语言学习一样，是孩子可以从婴幼儿时期就开始尝试的事情，不管孩子是否能听懂，坚持下去终究会有所收获。当我们能淡定地度过和孩子一起快乐阅读的亲子时光，孩子的阅读生涯也就因为我们的这种坚持而从此开启，阅读的习惯将陪伴他们终生，也将影响他们终生；他们的成长会更顺利。

　　不论现实世界的生活如何狭隘枯燥，爱阅读的孩子都理想远大，梦想无穷。因为书中的世界广阔无限，孩子对其充满想象、好奇。从阅读中也能培养专注力，让他拥有跟书籍、跟自己独处的能力。

05　热爱阅读是培养理解力的基础

对孩子的成长而言，读书算是一种长线投资。要让孩子在长大后成为与众不同的人——能思考，理解他人观点，心胸开放，拥有和他人讨论伟大想法的能力，热爱阅读是一个必要的基础。

就如儿童教育专家苏霍姆林斯基所言，每位孩子都有自己心中的英雄或学习的榜样，如军人、医生、科学家、艺术家、政治家、老师、英雄人物等，这些令他们崇拜而内心爱模仿的楷模差不多都是孩子通过阅读各类书籍所认识与获得的。

我坚信书籍能带给孩子的影响是潜移默化的，从丰富生动的故事中，他可以学会积极、坦然地接纳自己，学习合作与分享的精神，并从学着讲故事的时候开始尝试自我表达。

有一天，在老师给豪豪布置的作业中，我发现其中有一项任务是，自己画一幅画，然后写上一两句话来概述这幅画的内容。

我惯常的作业辅导原则就是让豪豪自由发挥，不会要求他按什么标准写，做对还是做错都要让他去体验。老师也说，尽量让孩子自己拼写句子，即使写错，只要能看懂，漏掉几个字母也无碍阅读，这样利于老师了解孩子掌握知识的真实情况。

豪豪小朋友是个很努力的孩子，5岁的时候已经可以把简单的英文书本阅读下来了。这次，我如往日一样，心思全在盘算中午吃什么上，让豪豪自己坐在一边写家庭作业。在出去玩之前，他拿作业给我检查。我一看，笑了，也很惊讶。他画的是我们一家三口在爬山，山顶上有很多云彩……当然，他的画画水平仅限于能让人看懂罢了。画的下面写上的两句话才是让我惊讶的，他写的是：The cloud looks different as usually, we are climbing mountain.（云彩看上去和平常很不同，我们正在爬山。）

他仅仅学习过"I like…，I have…"这类短句，竟然会用描写周围景色的句子开头。我问他怎么想到要这么写故事，他很美国范儿地耸耸肩，没有回答我。后来我也多次发现，他讲故事的时候，习惯先描绘一遍景色，然后再说做的什么事。我想这和他那段时间读的书有关。

大量地阅读就等于大量地练习，任何事物的学习都是从模仿开始的。孩子读的故事多了，自然可以学着用类似的方式去讲故事；这是他在练习自我表达。豪豪有时候读绘本，会根据书上的图猜测接下去的情节是什么，自己编故事，虽然有时候天马行空，但总能有些新奇的想法。

当然，孩子在这方面能力的培养，也离不开家长的一些经验引导。在这个过程中陪读是必不可少的一个步骤。在后文我会更具体地讲到陪伴的方法。

有一种孩子不喜欢写，但喜欢滔滔不绝地说，豪豪就是这种孩子。每次学校里的写作作业，他总是草草几句就打发了。可是我知道他喜欢说话，喜欢问问题，所以我会鼓励他用讲故事的方式先讲给妈妈听，我帮助他录音。然后有些讲得精彩的故事，我会用中文整理成文，放到他的故事书中。这样他会很有兴趣地追着我学故事中的那些中文字。我想他是希望以后能看懂自己创作的故事吧，这个过程里他充满获得感。

书本可以是孩子最好的朋友，也可以是我们教育的好帮手。

书本不仅能增加孩子的知识，还能提高孩子的创造力和解决问题的能力。现在豪豪在遇到问题的时候，知道去书本中找答案，比如下象棋就看象棋方面的书，玩游戏不能通关了，就去看游戏攻略方面的书，爱打球就去学校借运动类的书籍。

06　孩子不会写作？很可能是他阅读量不足

美国的小学教学比较重视写作，从学前班到一年级，几乎每个星期老师在给孩子留的作业中，都包含关于写作的项目。

豪豪平时写作文的时候，总喜欢天马行空、随心所欲地写，不喜欢按照老师的要求来写。比如老师要求挑选一本读过的书写读书心得，类似于这种总结性的文章写作，从来都是豪豪的弱项。

我相信他并不是对自己读过的书记忆不深，也不是不理解书中讲了什么，因为我们日常阅读中，他抓取书中信息的能力经过针对性训练已经很强了。我想他只是更喜欢按自己的想法，编一些自己喜欢的故事。当然，我并没有觉得这样不好，孩子能有自己独特的思维方式也不错。写作本来也不该局限孩子的想象力，看过的书能用自己的语言重新组织故事，也是锻炼写作能力的一种方式。

可是我后来想了想，写作本身都有目的性，也分类型和应用场景，一些特定的技能还是得掌握。

而且最近我也有一些感慨，孩子毕竟是孩子，很多时候不能由着他自己的性子野蛮生长。豪豪快到七岁的这一年,"懒惰"的小毛病开始慢慢地显现。不仅是写作,日常生活的很多小事上我也发现他开始只做自己喜欢的事情,对不喜欢做的事情总想办法偷懒。

这个年龄是孩子性格和习惯养成的关键时期,我们的责任之一就是给予方向性引导。豪豪其实是喜欢阅读的,在他上小学前对书中故事的理解,更多是发散式的思考或者想象。到了学写作的年龄,需要训练归纳、总结能力,所以我们的日常阅读时间里,我改进了以往的陪读方式,增加了如下的游戏环节。

一、比赛猜故事

在阅读故事情节突出的绘本时,我会遮住文字部分,和豪豪比赛看图猜故事。通常是豪豪先讲,反正他喜欢编故事,我就让他先讲出他的想法和对故事的推理。等他说完,我特意讲一个和他不同版本的故事。然后,再翻开文字部分,比比看谁讲的故事更接近书中的内容。

因为豪豪先讲,而且很多时候确实是他的故事更贴近书中的内容,判定他赢的时候我会给予具体的表扬,比如"你比妈妈细心呀,观察到了画中的细节""你推测的故事虽然跟书上有点不同,但跟作者思考的方向是一样的"。

别小看这个小小的举措,可谓一举多得。一方面孩子会感到很自豪,进一步提高了阅读的积极性;另一方面可以锻炼他的专注力,因为在阅读文字部分的时候,他会更认真地对比自己猜的故事和书中故事的差别。这些有助于他记住书中故事的同时，也会促使他思考：为什么故事情节是这样的，而不是按他猜的那样发展——比赛猜故事的游戏，能帮助孩子超越记忆，更深度地理解书中的内容。

二、表演故事

在阅读故事情节简单但有寓意的绘本时，我们不应该让孩子只是单纯地听故事，比如说《龟兔赛跑》。故事情节如何发展并不是让孩子读这个故事的最终目的，面对这类寓言故事，我们喜欢和豪豪一起表演。他扮演乌龟，我扮演兔子，豪豪的爸爸给我们念旁白，我们跟着旁白一边演一边说我们需要说的台词。故事结束，豪豪嘲笑兔子失败的时候，我就会和他一起讨论"兔子明明比乌龟会跑、会跳，为什么会失败"，并各自思考，说出自己的想法。在经过一番讨论后，豪豪的爸爸这才读出作者在书中的总结性文字，让豪豪懂得寓意的同时，对照书中的文字重新整理自己的表达。

豪豪本身就爱动，表演故事对他来说是非常有趣的方式，这么一表演，一对照，他对故事的记忆以及理解就会更加深刻，写读后感的时候就不会无话可写。帮助孩子领悟作者的用意，也正是我们给孩子阅读的意义。

三、改编故事

豪豪喜欢阅读，也喜欢自己编故事，但是他编的故事的主人公永远都固定在几个人物身上，不是和他一起打篮球的迈克，就是和他一起玩的邻居杰克。而且可能因为孩子的活动范围有限，他编故事时的情节也总是围绕着日常的打球等活动展开。

为了拓宽他的写作思路，我们从看过的绘本里找出一些情节和主题都堪称经典的故事书，开展每周固定的"故事人物改编大赛"或"故事情节改编大赛"，拿出周末一天的时间阅读，一起改编一本故事书，并鼓励他完整地讲出来或写下来。有时候他借用了原故事的情节，但人物和背景都改成我们日常生活中所熟悉的人物和背景；有时候他能只借用原故事中的人物，而把整个情节都变成另外一个故事，甚至其中有一些内容非常精彩，我都帮他记录下来了。

这样写下来的故事多了，我就装订成册，他看到自己的故事也能变成一本小书，自然很自豪。这也就是写作的开始，怎么想怎么写，真实的感受、真实的想法就是写作最基本的技巧。

这几种创意阅读方法更具互动性，延伸了阅读的深度与广度。

在豪豪他们学校开始训练孩子写作的这两年，我感觉以上三种故事化的阅读对他的帮助很大，一来进一步增加了他对阅读的兴趣，让他不会感到读书是枯燥乏味的事，二来让他的感受和思维能更深入他阅读过的那些故事中。当然更重要的是，他越来越熟练地体会并掌握了组织故事的技巧，懂得了故事是怎样用情节和人物去讲述主题或人生道理的，于是他能更清楚、轻松地总结读过的故事，也就不再怕写读后感一类的作业了。

这样的创意阅读法，给了我很多灵感，在育儿实践方面更是给了我很大的帮助：既可以有效辅导他的写作，又可以借助深入体验式的阅读方式，去引导豪豪认识到自己刚刚萌生的一些小毛病。当他懂得辨别是非对错时，我们对他的教育便能水到渠成。

同时这样的阅读还能让我们的亲子时光更加愉快，何乐不为呢？

07 孩子爱玩游戏？用书占据他的空闲时间

每年暑假回中国的两个月时间里，豪豪的生活极其充实，极少接触电视和电子游戏等，大部分时间不是在外游玩，就是在家和外公外婆学习中国象棋。

上小学后回国的那个暑假，有一次我带他去公园打篮球。因为天气太热，基本上没有什么人还坚持在烈日下的球场打球。正好看到树荫下有一些老人在下象棋，豪豪丢下篮球就跑过去，饶有兴趣地蹲在棋盘旁，安静地看两位老人拼杀。自此之后他对看人下象棋上瘾了，几乎每天下午都会要求我们带他去那个公园玩，依旧是带着篮球去看别人下象棋。

也不知道是因为有学过一年国际象棋的经历在，还是他这种自发的兴趣激发了他学习的热情，短短几周的时间，从象棋上的字还认不全到对战中可以打败他的小堂哥，他的进步比较明显，只是对棋局的细节掌控还不够，在布局上也有很多漏洞。

结果回到美国后，他经常会拿出象棋让我陪他玩，但我俩半斤八两，棋力都不高。这时候我才后悔当初没有带几本关于教象棋的书回来。好在我们在网上可以找到许多教象棋的电子书，就打印了一些。对着书本上讲的技巧，我和豪豪一起研究象棋的下法。他那时中文字认识得不多，更多的是直接看棋盘配图上的每一步走法，他会问："怎么对付叠炮？""怎么才可以防止抽军将？"这个时候，我们只能从书中找相关的答案，我先读给他听，然后模拟着书本上的步骤练习。

原本下象棋只是我们消磨酷暑时光的一种游戏，但是看的象棋类书越多，模拟的棋局越多，我们对象棋的兴趣也变得越浓厚。我原以为豪豪对Xbox（一款家用电视游戏机）的着迷会成为一个棘手的教育问题，没想到事实上象棋和象棋技巧类的书更吸引他，有时候他会主动放下Xbox的遥控柄，要求我给他读象棋书。这时我就可以借机培养他遇到问题就去书中找答案的意识，让他学会依赖书去解决问题，养成自觉钻研的习惯。

一次我还故意对他说："唉，要是你把这些中文字都认识了，就不需要等妈妈忙完了自己的事才能给你读象棋书，那多好啊？"我说这句话，起因是那时豪豪对认中文字也表现出一种偷懒的苗头。既然他表现出来一些抗拒或者说是没信心（认中文字对他来说没有读英文书轻松愉快），我不想强迫他去认字，想着用什么方法把他喜欢干事的积极性引到学中文上来，激发他的积极性最关键，就如同当初象棋上的这些字，他很快就自己学会了。

有了这样的想法，在我们的中文阅读时间，我会让他自己挑选几本让我帮他读的中文书。然后跟阅读英文书一样，我们开始"比赛猜故事"的游戏。只不过这次不用遮挡文字部分，而是让他先根据图片和认识的字去组织故事，然后讲给我听。我听的时候，感觉他讲得比较不错的故事，就会帮他录音，然后和他一起整理成文字，加入他创作的故事书中。这时候就顺便教他几个中文字。因为这些字词和他讲的故事相符，有对应，他识字的速度也会变快，还不容易忘记。

有人会问，孩子在这个年龄心心念念的都是玩游戏怎么办？

其实只要早期阅读习惯培养得好，孩子到了一定的年龄，随着他识字和阅读能力的增强，读书不再是需要家长强迫的事情。习惯一旦养成了就很难改，在孩子成长的关键期，我们必须学会抢夺孩子的时间，他花在阅读上的时间多了，在看电视、玩游戏上的时间自然就减少了。

比如豪豪曾经也非常爱玩游戏，但我发现当他开始看游戏攻略类图书的时候，他往往就忘记打游戏了。加上现在他有了更多的兴趣爱好，对游戏的热情也开始减少了。所以问题的关键，不是让不让孩子玩游戏，而是让孩子在玩游戏的同时提高对书的兴趣，然后在书本中再发现超越游戏的乐趣。

08　真正的"会读"不仅仅是读故事

人生在世，目之所能是阅读，耳之所闻是阅读，体之所察是阅读，心之所悟亦是阅读。正如白岩松所言，真正的阅读是一种深刻而愉悦的体验，从中找到了自己，塑造了自己。

有一天，我在网上看到一篇关于21岁小伙子致力于清理海洋垃圾事迹的报道。主人公叫Boyan Slat，一个出生于1994年的荷兰年轻人，他之所以被那么多人关注，是因为他有一个伟大的梦想：把人类弄脏的海洋清洗干净。尽管从来没有人相信他，但是他做到了——19岁辍学组建了有70位科学家的团队，众筹了200万美元资金，发明了一种收集海洋垃圾用于发电的装置。他计划10年内清理半个太平洋。

当时我的第一个想法是让豪豪也读读他的故事。

于是，我整理了那些海底垃圾的图片，让豪豪看Boyan Slat潜水时拍下的那些情景。豪豪看着这些照片，很惊讶地问："为什么要丢垃圾到鱼的肚子里呢？"我没有回答他，而是在电脑上打开了Boyan Slat的故事界面，默默地和他一起读一遍这个少年在努力做的事情。

在看完整篇 Boyan Slat 的故事之后，我问了豪豪三个要点。

一、什么是梦想

从小我们都会被问到"长大了你想干什么"这个问题，记得那时候我们的回答大多是当科学家、当老师等。

这次，我没有问豪豪"你长大了想干什么"，我只是告诉他，梦想是长着天使翅膀的小鸟。这么多人看到海洋垃圾带来的灾难，可是从没有人想或敢去清理海洋垃圾，为什么？因为大多数人都认为这是一个不可能完成甚至疯狂的想法，这是一个会被很多人嘲笑的痴心梦想。Boyan Slat 却立刻就开始全力以赴地为实现它处理了遇到的 50 个难题，写了 582 页的问题分析报告。

所以，我对豪豪说，当有一天你想干一件事情的时候，或者说有了一个梦想的时候，不要去管这个梦想背后有多大的阻力，也不要在乎别人对你梦想的评价。因为梦想就是一只小鸟，会飞到这个世界的每一个角落，它是属于你的，而且专属于你，只有你可以决定你的梦想到底可以走多远。从现在开始，你就要把这只小鸟装在心里，让它在你的心里慢慢地成长。

豪豪问我："什么是梦想？"

我告诉他："梦想就是你特别渴望去做，并且会为之不断努力，即使失败也要去完成的一件事情。"

豪豪笑了，他说："妈妈，那我现在的梦想是好好打球，可以吗？"

我也笑了："那当然可以呀，要把球打好也是一个很大的梦想。"

二、为什么我们要读书

我特别郑重地告诉豪豪，Boyan Slat 看到这些海洋垃圾之后，萌生了要清理这些垃圾的想法。可是他做的第一件事情是对潮汐和洋流进行研究，寻找方法。这项研究需要他经常在不同的时间点去海边观察并记录，需要他通过读书来累积一定的海洋知识才能做出正确的判断。读书和研究就是让梦想能够飞起来的翅膀。

"我们总是说，这是我的梦想，然后就指望着梦想让自己飞起来，可是小鸟没有了翅膀又怎么可以飞呢？你说对吗？"

我告诉豪豪：

"任何时候，知识都是梦想的翅膀。

"你首先要做的事情就是读书，让更多的知识填充你的脑袋。读书是学习的一个过程，是一个日积月累、每天都需要去做的事情，如果你没有了这些知识，进步的空间就会很小，知道吗？

"你看，打球需要懂得运用最佳速度与力度来控制球，这都和数学知识有关。要是你不学习数学，又怎么去判断如何运球才是最佳路径，投球用多大的角度才能提高命中率？"

豪豪听后，向我保证："我喜欢读书，会好好读书。"

三、坚持是一条曲折的道路

我希望豪豪明白这个故事背后的道理，一个人的成功，或许其中包含了一些运气的成分，但是要记住，在遇到困难和伤心事的时候，坚持是最好的选择。

或许在这个过程中，你会遇到荆棘丛生的小路，也会遇到像山般的艰难险阻，甚至会在接近终点的时候跌倒，但是切记，对梦想的那份渴望，还有所具备的充足的知识都会帮助你。接下来，不管你遇见的是山路、海路还是绝路，只要向着目的地不停地走下去，你都能用你的知识去判断你接下去的路该怎么走，而不是选择放弃。

Boyan Slat 之所以不停地研究、创造、改良他的发明，不停地在各种人面前演讲，不停地去拜访每一个可能会帮助他完成梦想的人，就是因为他要为自己开辟一条可行的道路。小鸟一路飞翔的时候，也会累，也会疲倦，也会害怕，不是吗？你看那些在天空飞翔的小鸟，当它们累的时候也需要停下来休息一下，找些食物补充能量，当它们遇到大风大雨和天敌的时候也会思考一下该怎么应对，但是它们的目标永远在那里，即使有时候看似止步不前，实际上飞翔的翅膀永远不会收起。

当然我没有用以上这么深奥的中文和豪豪沟通，而是用一些通俗易懂的语句去表达我对这个事的看法，希望有一天他能真正懂得梦想的意义，也期待在他中文水平足够好的时候能看懂我的这篇文章。

　　阅读从来不是单一地读故事！有时候，让孩子看看名人事迹，听听别人的故事，可以启发他思考一些自己从来没有遇到的问题，以便拓宽思路，让他更好地成长。这样也显示了阅读的价值所在。

小贴士：培养孩子情商和思考力的英文绘本推荐

No, David!（《不要，大卫》）

这套书是关于David的系列书，我看到国内有中文的翻译本，但是我个人还是觉得英文原版比较幽默。因为这套书的词汇很少，基本上都是关于小David做的那些调皮事。我看完之后，发现豪豪也干过所有David干过的调皮事。于是，通过阅读这本书，我让他重温了一遍他曾经的可爱和小调皮。这本书从理解孩子的角度来叙述，幽默的成分偏高。

Hearts Are For Loving（《心为爱而生》）

这是一本关于各种形状的书，可以增强孩子的想象力，增加孩子对各种形状的认识。从画画的角度来说，是为了帮助孩子提高想象力而创作的。

"Escucha" Means Listen（《Escucha的意思是倾听》）

"Escucha"是西班牙语。西班牙语是美国的第二语言，美国有很多动画片也和西班牙语接轨，所以豪豪之前学过一些。选择一些其他语种的书读，可以让孩子感受到语言之间的不同和美妙之处。这类书通常教的都很简单，孩子很容易接受。

Not A Sound, Not A Peer（《没有声音，没有伙伴》）

很多孩子都会害怕自己一个人睡觉，当我们训练孩子独立睡觉的时候，特别是单独一个人在一个房间里睡觉的时候，这本书可以帮助我们让孩子勇敢地面对黑暗、面对孤身一人的环境。

Fancy Nancy（《漂亮的南希》）

Fancy Nancy 是一套系列书，讲述了孩子对生活的一些看法，特别是像小大人似的小女孩的一些稀奇古怪的想法。和其他一些生活化的系列书不同，这套书不讲一些生活常识或者孩子普遍会遇到的问题，而是针对女孩或一些更为成熟的小大人的想法而创作出的一系列搞笑故事。我个人觉得阅读不应该分男女，让男孩了解女孩的心思也是一堂很重要的人生课。

Go, Dog, Go!（《前进吧！大狗！》）

这本书总体来说比较简单，和 *Dr.Seuss* 中的一本书很接近，不同之处就是这本书的主角变成了狗，单词变了。另外，还有一些不同的rhyming patterns（韵式）来帮助孩子学习单词，也值得一读。

Dr. Seuss's（《苏斯博士》）

这套书估计不用我多加介绍了，算是美国英文书中比较有名的一个系列。不过我个人认为这套书最好在孩子4岁以后阅读比较有效果，因为这本书会帮助孩子写作和提高记忆力。当然这本书也很有意思，只是我认为对于太小的孩子，这本书的作用就不是那么明显了。

Chapter 2

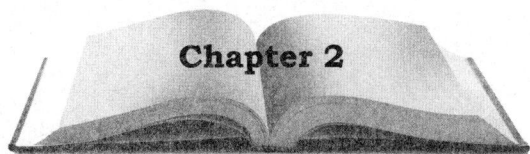

早期阅读：
早教的重点在阅读，阅读的重点在陪伴

01　营造阅读环境，给孩子美好的情感记忆

在我组织的学习社群里，不断地有妈妈问我怎么样才能让孩子学会自己一个人读书，这个问题让我想起了自己小时候一段温馨的阅读时光。

我5岁那年妹妹出生了，父母既要上班还要照顾刚出生的妹妹，只好把我送去外公外婆家让他们帮忙照顾。我的外公外婆都是教师，住学校的职工宿舍——一间简陋的房子。每天早晨，我被他们带去教室，他们在讲台上讲课，我就一个人在教室后面玩。

课堂上，所有的大哥哥、大姐姐们都在读书，我也只好跟着念，渐渐地也认识了一些字。外婆家虽然不大，但是他们极爱看书，整面墙壁的书橱里都塞满了书。外公外婆看书的时候，就会选一些书给我，让我自己看。对我而言，阅读自然而然在我的童年里闯入了我的生活。

后来我上学了，每年的寒暑假，母亲就会送我去外公外婆家。有时候我会跟着外公出门走走，他拿着从学校传达室取回的报纸大声读给我听，那份新奇又温暖的感觉，我永远都不会忘记。

到小学四年级的暑假，我第一次从外公的书柜里拿起了一部长篇小说，我记得是金庸的《碧血剑》。整个暑假我都沉浸在金庸的故事中，从此，一发不可收拾地爱上了各种各样的小说，不认识的字就标注出来，自己查字典。借着外公丰富的藏书，我可以躲在房里待上一整天，如饥似渴地阅读。

从我自身的阅读启蒙经历和后来在幼教行业的实践来说，虽然我们认定孩子确实存在一个阅读的敏感期，但事实上每个孩子的情况都不一样，不用规定说必须要在几岁之前培养出孩子自主阅读的能力，他将来才会爱上阅读。

当孩子认识的字少时，自然不容易形成独立阅读的习惯。我的建议是，希望培养孩子阅读习惯，首先要在家里构建一种大家都在阅读的氛围。这种阅读的行为将对孩子产生巨大的影响力。

比如说，家长都在看电视或者玩手机，却要求孩子自己去一边看书，他必然会不愿意，或者会被看电视和玩手机的家人分散注意力。

在我们家，我的做法是，每次到图书馆给豪豪借书的时候，也会给自己借上一两本小说。空闲或者陪豪豪的时候，我就会抽空看一些。豪豪每次看到我在看书的时候，就会拿起他自己借来的图书，在我身边翻看。看完后，他会来告诉我这本书讲了什么，然后让我给他详细地读一遍。

那时候，他认识的字并不多，完全是"看图讲故事"，而且和书中真正的故事并不完全一样，但是我会很肯定地告诉他，他讲的故事也很有意思。有时候，他也会让我帮他把看图讲的故事写下来，放到他的日记本里。

想让孩子爱阅读，就要自身也爱阅读，让孩子体会到大家都在阅读的轻松快乐的氛围，主动为他创造读书的条件和环境。

在这方面，根据我自身的经验，我想提醒想培养孩子自主阅读习惯的父母，如果能做到以下几点，会取得事半功倍的效果。

一、家里给孩子弄一个读书角

书是孩子成长过程中最必要的工具，我们不必有很多藏书，但至少要给孩子创造一个安静读书的环境。在孩子的房间里至少安排一个堆满书本的角落，给孩子营造一个专属的阅读空间，这带有些许仪式感的行为能很好地为孩子创造阅读很美好的氛围。

小时候，我看到外公家整面墙满满一书橱的书，里面虽然没有一本符合我年龄看的绘本，但我还是会很有兴趣地去翻看。那时候，我不喜欢什么玩具，翻书反而成了一种乐趣。

二、为孩子选购纸质书

在阅读载体的选择上，我们要尽量放下手中便携的电子产品，而选择让孩子去翻看纸质书。如果我们每天都只是盯着iPad、手机或电视看，那么孩子肯定也会学着我们的样子，让电子产品的娱乐性分散注意力，降低阅读的专注度，也降低对纸质书的兴趣。

特别是对幼小的孩子来说，不要过早让他们习惯通过电视、电脑或手机APP去接触或学习一些早教方面的知识，如儿歌、诗词等。孩子接触信息的方式如果一开始就习惯了图片或动画，他长大后很可能没有耐心或不习惯读文字。更何况翻看纸质书对保护孩子视力等有好处，也能直接激发孩子更多的阅读体验。

三、让亲子时光有更多的陪读

每天花一点时间和孩子一起阅读。给孩子讲故事也好，一起看书、一起讨论也好，我们陪孩子一起阅读的时间越多，孩子对阅读的兴趣就越浓厚。等到他认识了足够多的字时，他就会开始自己翻书、看书了。

所以父母根本不必为了孩子还不愿意自己看书而着急，这不过就是一个时间先后的问题而已。孩子只要对书本有兴趣，这就算给孩子阅读打下了一个坚实的基础。

另外，我想提醒父母们，阅读是一种习惯，而不是判定孩子某一方面能力的标准。爱阅读的孩子未必就会成绩好，但是爱阅读的孩子一定是一个会思考的人。我们培养孩子阅读的习惯，最终目的是希望孩子能够认识到书的魅力，在书本中汲取知识的力量。借助书本，可以丰富他们的人生，更重要的是通过阅读教会他们对事物的正确思考方式。

如果爸爸妈妈爱阅读，那么孩子在爸爸妈妈的影响之下也会养成良好的阅读习惯。孩子爱上阅读，还是要从爸爸妈妈开始，请爸爸妈妈做好孩子的榜样，为他们创造出一个美好的书香环境！

02 年龄偏小？用这9种方法启蒙就对了

很多妈妈对在孩子年龄偏小的时候开始亲子阅读，有很多令人头疼的问题。

有一些婴儿的妈妈问，宝宝这么小，根本听不懂我们在说什么，怎么读呢？

有些妈妈说，一岁的宝宝难以安静下来，且很容易被分散注意力，怎么读呢？

还有些妈妈抱怨，宝宝两岁了，更爱看动画片了，读书只有5分钟热情，怎么办？

我想说，阅读讲究"润物细无声"的环境熏陶，它不是一潭死水，而是一股清泉。供孩子阅读的书籍的种类很多，我们给他讲故事的形式以及想要表达的主题也五花八门，可以用不同的阅读方法来让读书这件事变得更加有趣。

借助一些方法，既可以抓住孩子阅读的心，还可以帮助孩子提高其他生活方面的能力。

对一些年龄小的孩子的妈妈，特别是新手妈妈来说，可能确实缺乏跟还不太能好好交流的孩子读书的经验和技巧。我在这些年的幼教工作实践以及带豪豪阅读的过程中，总结了9种针对年龄偏小孩子的读书方法。

大家可以对症下药，给家里的孩子试一试。

一、婴儿图书阅读配上形体动作

对于0—3个月的孩子来说，声音有很大的魅力，所以父母可以拿着书坐在他身边给他念书。3个月之后，孩子开始大动作发育，他会学着翻身、爬行、坐立，对身边的东西产生兴趣，会对父母的形体动作更感兴趣。

这个时候，根据书本内容讲述的意思，父母可以做一些形体方面的动作来配合阅读行为。夸张的形体动作可以让孩子学着理解故事所要表达的意思；搞笑的形体语言可以让孩子欢笑得更多，帮助孩子培养快乐的个性。

二、生活类绘本阅读主人翁化

我习惯给朋友介绍一些生活类的绘本，这类书籍可以帮助孩子理性地处理问题。因为对1—3岁这个年龄阶段的孩子来说，生活类绘本比大人的空洞的说教更直观、更有说服力。

读这类绘本时，我们可以让孩子扮演绘本中的主人翁，我们也要扮演绘本中的其他角色，和孩子对话的过程中把书中的感受说出来，孩子就会觉得我们说出了他的心里话。

接着我们还可以给他再讲讲书中的方法，让孩子自己实际体验一下，加深孩子碰到同样问题该如何处理的印象。

三、给孩子选动手玩的立体书

年龄还小的孩子，都喜欢可以自己动手玩的立体书，因为这种书把娱乐和书本要讲的主题联系在了一起，不会让孩子感到沉闷。

立体书的种类有很多，孩子会很喜欢并且很主动地去研究这种书该怎么玩。我们完全可以让孩子自己先琢磨书中在讲什么内容，然后提出问题引起孩子的兴趣，让他安静地听我们阅读这本书。

同时在阅读的过程中，我们可以让孩子用手指着文字，这样加深其对故事的记忆，也为认字做了初步启蒙。

四、情感类绘本可以变成"舞台剧"

我们发现，名气比较大的绘本，其表达的中心思想都在说"爱"。就比如 *Guess How Much I Love You*（《猜猜我有多爱你》），无论是英文原版还是中文译本，这本书都很值得一读。

但是如果我们只是随意地念书，那么这本书的真正价值其实被浪费了。书本中有两位主角，分别是大兔子和小兔子，我们在阅读的过程中，可以让孩子扮演小兔子，爸爸妈妈扮演大兔子，像书本中讲述的内容一样，张开手臂表达自己的爱意。

我们把这本书用"舞台剧"的形式表演出来，这样既让孩子懂得了什么是爱，又会帮助孩子发挥创意，想出更多表达爱的方式，让孩子也学会自我情感表达。

五、故事书电影化

当初豪豪爱看动画片《超人》和《蝙蝠侠》的时候，我为了让他少看电视，特地给他买了一系列的这类书籍。当我给他讲故事的时候，我会模拟不同的声音并借助一些辅助玩具，把故事书的内容变为一部简单的小电影。这样让阅读变得生动、有意思，让他通过妈妈的表演理解人物不同的个性和行为。

相比看动画片，生活中爸爸妈妈和他一起玩更有互动性的小游戏，让他更容易接受，同时避免了他模仿电影中坏人的一些动作。这不仅可以让孩子参与声音的模仿游戏，而且可以让他扮演不同的角色来理解故事情节的设置。

六、科学书生活化

我曾和豪豪读过一本书叫《种子的发芽》。这是一本立体书，但平心而论，这本书的内容呈现方式很枯燥，大量实物图片加说明性的文字，根本没有一点故事书的趣味性。但是我依然觉得这是一本很好的书，因为像豪豪这个年龄的孩子，该做一些科学启蒙教育了，让他知道一些大自然中植物的生长规律。

于是，在读这本书之前，我带着豪豪一起实践如何种葱，让他真实地感知植物的生长规律。葱是最容易发芽、最容易种的植物了，我们先种上葱，然后让豪豪给葱浇水，观察葱的生长情况，每天都拍一张照片，直到葱长大。最后我们把所有的照片都装订在一起，和《种子的发芽》放在一起讲，让他回忆葱成长的每一天，并和书本中读到的内容做一个对照。

这种方法除了教给了孩子科学知识，还帮助孩子提高了动手和观察学习的能力，开发大脑记忆区，让书本的抽象文字在他头脑里变得形象具体。

七、把押韵的书本编成歌

像 *Dr.Seuss*（《苏斯博士》）这类的书，用到了很多押韵的词语；像 *The Cat in the Hat*（《戴帽子的猫》）这样的书都已经拍成了儿童剧，同时书中的一些文字已经被编成了歌曲。

如果用读的方式给孩子讲这类书，小小孩是会感到烦闷的。如果用歌曲的形式，则会帮助孩子记忆单词并记住押韵的地方，对孩子感知语言运用的多样性也有很大的帮助。

当然，我们都不是歌唱家，更不会每一首歌都听过，所以我说的"编"是自己随意编唱，即使每次唱的曲调都不一样，那也没有关系，同样可以让孩子对书本感兴趣，而且记住这些单词的共通性。

八、让孩子跟读，这也是学习外语的一种方法

我们在选择外语书的时候，应该主要从孩子的语言理解能力和语言组织能力等方面考虑，尽量要选择故事简单、跟读性强的书。

豪豪从小在美国长大，英文水平自然不用我操心，而中文对他来说反而相当于外语了。所以我在给豪豪选择中文书时，不会因为中文是我的母语而选择很复杂的书，相反我会选择一些简单的绘本。让他跟读的时候，我就会照着书本念，因为书本的文字组织都很严密、很有条理性。让豪豪跟读中文，除了希望他学习一些生活中不常用的生字、生词外，也希望让他对阅读中文书有一个基本体验，并且为他以后的中文写作打下一个良好的基础。

九、让孩子给家长阅读

豪豪4岁以后，无论是中文书还是英文书，只要是他很喜欢并且已经听过很多遍的故事，我都会鼓励他学着讲给我听。至于他讲得好与不好根本没关系，重要的是锻炼他组织语言和看图说话的能力，以及强化他大脑的记忆能力。

让孩子给我们阅读，是一段很享受的时光，我们无需纠正他，只需要鼓励他、表扬他。这种方法还给了孩子机会去大胆表现自己，锻炼他不怕说错、不怕被嘲笑的性格。

这9种方法并不仅仅希望孩子从书本中学习到知识，更重要的是让

孩子养成一个喜爱看书的好习惯。

我们提倡从出生就开始给孩子阅读，希望孩子爱上看书，然后从书本中寻找自己想要的答案，不管是学习上的、科学上的，还是生活上的、哲理上的。只要父母有培养孩子的决心，就能让孩子爱上阅读，书本会成为他一生的朋友，在每个阶段都能给他想要的人生答案。

03 爱看动画片？设法让他过渡到文字阅读

阅读行为本身是多样化的。

孩子都喜欢看动画片，这是他们的天性。即使他们未必真的可以理解动画片故事里所有的含义，但他们会模仿动画片人物的行为、动作以及说话的口气。

长时间看电视，本身对孩子的健康有一定的伤害，比如视力，同时一些暴力动画对孩子心理的伤害更是无法弥补的。当然，我们提倡对暴力动画片说"No"，但一些制作精良、有良好教育意义的动画片对孩子还是有积极作用的。

迪士尼动画片*Forzen*（《冰雪奇缘》）受到千万个孩子的喜爱，豪豪不仅会唱影片中的歌曲，还可以背出许多经典的对白。这就是动画片的魅力，它能带给孩子们不一样的感受。只要是好的动画片，不管多大的孩子都会着迷，看完一遍又一遍，似乎从不知道厌倦。

或许会有人说，看动画片是一回事，阅读似乎是另外一回事，根本不能联系在一起。其实不然，我对阅读的理解是，孩子看书是一种阅读，关键是去看、去写、去理解意义，那么从某种角度来说，看动画片也是一种"阅读"，只要我们有办法引导他，最终能让他从阅读图片过渡到阅读文字就好。

从培养孩子理解能力来说，看完一部动画片最主要的是看完后对故事的讨论，而且好的动画片也有文字或者漫画版的书籍。我记得有一年回国的时候，就发现了《喜羊羊与灰太狼》的漫画版书籍，和豪豪每晚就是看这些书籍入睡的。《冰雪奇缘》也是因为有很多人喜欢，所以开始有了各种版本的书籍。

为了让豪豪从看动画过渡到读书，我尝试从网上下载过一些经典动画片的中文和英文版本，找了一些比较简单易读、经过改编的故事和豪豪一起读。豪豪每次读到一个与电视上不同的故事版本都很开心、很惊讶。

有一段时间，豪豪很喜欢乐高的动画片，也是着迷到可以背下很多对话的程度了。我就在某个空闲的周末，和豪豪一边在电脑上看，一边把他认为精彩的画面截屏，然后用打印机打印出来。我让他像我们平常读图画书一样，试着看图片回忆对话是什么。同时，我也在网上找到动画的准确字幕打印出来，让豪豪自己在对应图片下面抄一遍。

最后我们把这些纸张订成了一本书。做工虽然很粗糙，但是那段时间，豪豪几乎每晚都喜欢自己拿着那本自己做的小书看，还模仿动画片中人物的说话方式念着对白。

就好像我们大人也会追剧一样，孩子对电视剧、电影也会着迷。

一部好的作品总是让人意犹未尽，在孩子这里表现得尤为突出，他们喜欢反复看同一部动画片。与其禁止孩子去观看这些影视作品，还不如利用这个特点，设法把这些孩子们喜爱的动画片题材，融入日常阅读行为中。

我和豪豪一起尝试过的把动画片变成"自制书"就是一个好方法。我们还可以让孩子学着改编故事的情节，或许你的孩子并不喜欢某一个情节，或许你的孩子有着自己独特的新构思！当孩子看完动画片把自己改编的故事写下来，或者我们把孩子的话记录下来装订成册，让他可以在临睡前欣赏自己的作品，可能会大大增加孩子阅读文字书的兴趣。

豪豪当初跟我说，他觉得乐高世界中有一些对白他很不喜欢，他会自己在那里自言自语地改成自己想说的话。那个时候，我就对豪豪说："让我们去写下来，对比看看，说不定你的版本会更好看。"

对孩子来说，阅读启蒙可以没有形式、环境的限制，只要养成一种良好的习惯就好。

对家长而言，孩子阅读习惯的培养，本来就应该有多角度的思维，不能仅仅局限于书本，运用正确的方法，动画片也可以变化出许多很好玩的阅读方式。

04　该不该指字阅读？美国老师是支持的

我曾经在一个读者QQ群里提出过"指字阅读"的观点，这引发了爸爸妈妈们的热烈讨论。

有些妈妈问我为何要给孩子指字阅读？

我先说说美国的老师为何会支持我们指着文字给孩子阅读。

首先，孩子越小，就越容易跟着我们手指的指引来提升专注力。如何集中孩子的注意力向来是一个颇让人头痛的教育难点之一，也一直是家长们最为关心的话题，而指字阅读虽然无法让孩子在短期内认识很多字，但无疑是帮助孩子集中注意力的一个很好的方法。

其次，指字阅读会让孩子对文字的结构组成有一个大致的概念。每一种语言的文字都有自己独特的表音或表意的形式，即使是同属一个语系的法语和英语，连语法上也相似，但其实也会有区别。当孩子的注意力集中到文字本身的时候，会对文字的结构产生一定的理解，因为每一种文字的组成和结构实际上也是一种艺术。

最后，教给孩子阅读的方法和阅读的顺序。汉字的笔画是老师首先要教给孩子的，从左到右，从上到下，阅读也是如此。现在的书本，除了一些繁体的古旧读物还是采用从右到左的竖向排版方式外，大部分的书籍都采用从左到右的横向排版方式，当我们根据自己的习惯指着文字阅读的时候，肯定也是遵从从左到右的阅读方式和阅读顺序。

在这里我不得不指出，英文读物和中文读物的不同点在于，英文的单词是由几个字母组成的，而独立存在的中文字是由笔画组成的，在这点上的不同会带给孩子不同的视觉反应。当我们在阅读英文绘本的时候，手指着整个单词，一个单词一个单词地读，而并非每一个字母都拼读，所以英文的指字阅读，从识字这点来说是有一定困难的。相反，中文字都是独立存在的，结构紧凑，当我们逐字指着阅读的时候，孩子比较容易记住字的结构，确实有利于识字。

虽然如此，由于有些妈妈在别的育儿书中看到了不同的观点，因此还有一些顾虑：

指字阅读会不会影响孩子的想象力？

指字阅读会不会影响孩子的阅读速度？

关于指字阅读会影响孩子的想象力的问题，我认为不然。当孩子小的时候，绘本相对来说文字较少，大部分绘本还是以图画为主，即使6岁孩子阅读的绘本，大多数也是采用少量的文字加多图的形式。而且孩子越小，他们的专注力和耐心能持续的时间越少。我们指字阅读的时候，他们的兴趣也仅仅是停留在每一页开始的时候，之后他们就会被图片的颜色所吸引而变成自己看图理解故事。所以说，实际上，无论你用哪种方式给孩子阅读，他们看图和听妈妈的声音是获取信息的最主要途径。所以，指字阅读的方式并不会将孩子的注意力全程框定在看字上。

阅读的方式越多元，孩子的想象力越丰富。随着孩子年龄的增长，记忆力开始增强，孩子对文字的记忆也有了一定的能力，这时候指字阅读确实可以帮助到孩子识字，但是并不会影响孩子的想象力。因为当孩子养成了阅读的习惯之后，会倾向于自己主动去看书，通过图片和自己认识的一些字去猜测这本书讲的是什么故事，读不懂的时候他们才会来问父母。

关于指字阅读会影响孩子的阅读速度，我再来谈谈自己的理解。

我自己也是从学生时代一路走过来的，深深明白效率的重要性，学习和考试中当然要和时间赛跑，但是在我的理解中，如果看一遍就可以完全理解一句话的含义，那应该要比第一遍没有看懂，然后再重新看一遍所用的时间要少得多，而且对于理解力的培养也更为有用。我在开始学英文、看英文小说的时候，遇到很多不理解的生词，我的习惯就是把不认识的单词标注出来后，根据前后文的意思来猜测这个词的意思，这样就不会影响阅读的速度了。等小说看完后，我再回头查不认识的单词。对英文的学习来说，我觉得这个方法是很有效的。相对认识单词却因为速度过快地读完一遍后没有完全理解的阅读来说，我倒是觉得指字阅读更节省时间呢！

我发现孩子在改编故事的时候，随着年龄的增长，字词的使用会更加贴切，同时我也注意到他认识生词的速度也会加快不少。我认为这就是指字阅读的好处，在孩子步入小学的时候，指字阅读有助于他提高对文字的理解力，增加对文字品读的兴趣。

当然，指字阅读对孩子的阅读速度是否有影响，我确实不能给出答案，但是我想说，相对孩子的阅读兴趣来说，阅读速度真的重要吗？

05 3—6岁的主题阅读期，怎么选绘本

作为家庭教育的一部分，很多父母意识到绘本阅读可以给孩子带来诸多可喜的变化，比如满足其好奇心，帮助其学习良好的习惯，提高语言表达能力……阅读是一种浪漫的教养方式，对孩子成长的重要性不言而喻。

道理大家都懂，然而面对自己家孩子的阅读培养问题，家长们思考得最多的问题是，我的孩子适合什么样的绘本呢？每一个孩子都不同，都有自己喜欢的绘本类型，那么怎么样选择适合自己孩子的绘本？

这个问题一直困扰着我们，特别是面对令人眼花缭乱的绘本时，我们会看看这个，挑挑那个，觉得这些书都挺不错的，着实不知道自己的孩子到底适合看哪类书。

豪豪到5岁以后，随着阅读量逐步加大，他自己有了更多的阅读途径，然而回顾这些年我们一起度过的阅读时光，不能忘怀的地方首选我们家附近的图书馆。似乎从他两三岁起，除了外出度假的时间，几乎我俩每个星期都会安排出一天的时间去那里，参加图书馆的一些儿童教育

活动，并借每个星期要读的绘本。即使他有时候周末打球已经累得不行，我们也要坚持去图书馆挑选下周读的绘本。

在这些年挑选绘本的过程中，除了用那些权威的儿童阅读书单或各大国际奖项获奖书单按图索骥外，针对以上妈妈们关心的选书问题，我琢磨出给孩子挑选合适绘本的三个技巧，提供给大家参考。

一、可针对孩子最近的行为寻找相关主题的绘本

每一个孩子的每一个阶段都会出现这样或者那样的小问题：可能固执，可能不爱听批评，可能爱发脾气，可能不好好吃饭，等等。总之犯错误、犯糊涂是孩子成长的一部分，我们没有办法要求孩子完美，所以在给予理解的同时，教育是不容缺失的一个主题。然而耳提面命式的说教，也许效果并不好，不能使孩子很好地认识自己的情绪、认识自己的错误，他们会难受或者抱着明知错了却不愿意承认的心态拒绝与我们交流。

这时，挑选对应绘本就是很好的引导工具，它能恰当地将我们想要给孩子的教育主题在潜移默化中就传达到了孩子意识中。

比如说，孩子不爱去幼儿园，这时候我们可以选择《大卫，上学去》《幼儿园一点都不可怕》《上学一二三》等绘本，通过每晚一本的阅读速度，间接地给孩子一个观念：上学很有趣，小朋友都应该上学……我们与其浪费口舌给孩子讲很多道理，不如找几本相关主题的绘本，让孩子自然而然地在阅读的过程中获得启发、改正错误。

二、根据孩子的日常爱好挑选相应主题的绘本

每个孩子都会有自己特别喜欢或者特别不喜欢的东西，只要绘本上讲的是孩子喜欢的内容，他就愿意花时间去看，花时间自己去琢磨，或者他就会缠着我们给他说说这些故事。

这些让孩子喜欢的内容能很好地激发他的阅读兴趣，也会帮助孩子慢慢学会自主阅读。比如豪豪这个孩子就一直很喜欢有关棒球运动的知识，在他上学前班的时候，一次他就自己在图书馆找到一本讲一个棒球运动员的故事书。这本故事书以文字为主，与以图片为主的绘本有点差别，我觉得起码是小学一年级的小朋友才会去看的，但是豪豪就是很喜欢，总是缠着我和他的爸爸讲给他听。于是我俩每晚讲上几页，足足用了一个星期才把整个故事讲完。豪豪听完后很开心，有时候他自己会看着这本书上仅有的几张图片，尝试着看懂一些简单的词来给自己讲故事。看着他静静地坐在那里用心地琢磨，我觉得很欣慰。

给孩子挑选他感兴趣的绘本是十分重要的。当他们看自己感兴趣的东西时，往往就会忽略难、看不懂这些问题，为自主阅读打下基础。

三、针对生活中即将到来的节日挑选相应文化主题的绘本

很多时候我们会发现，和孩子空泛地讲早上、晚上或者春夏秋冬这些概念，特别是圣诞节或者中国年等节庆日相关的文化习俗时，小朋友一点概念也没有，他们不仅不会理解我们所讲的内容，而且会产生更多的疑惑。也许我们就会开始怀疑，这么早教孩子一些文化知识是不是太

早了？孩子是不是不能理解呢？甚至会因为孩子没听懂而失望，甚至因此没能控制好情绪，采用了一些不良的教育方式。

那么这时候其实可以对应一年中的几十个节日主题，给孩子选择相关绘本。比如说春天快到的时候，我们可以选择《遇见春天》《花婆婆》《这片草地真美丽》等关于春天的绘本——当我们沐浴在春风里，正好可以用我们眼睛所看到的景象让孩子更好地理解春天，这就是应时的绘本选择。

应节的绘本就更容易了，比如中国年快到了，我们就可以找一些和中国年相关的绘本，比如《我的第一个中国年》《年》《团圆》等，让孩子一边读绘本，一边体验节日的对应风俗，那样孩子对节日的理解就会加深。

以上这三个选书技巧，其实每一个都可以成为一个大的系列：情商管理系列、兴趣爱好系列、假日文化系列，然后穿插到一年的阅读计划中，能很成规模体系。

这是重视孩子阅读习惯培养的父母可以亲身实践的一个有的放矢的选书思路，而且和孩子日常生活紧密相关，必然能取得事半功倍的效果。

06 3个方法帮孩子练好阅读"童子功"

我突然想起一个小故事：

孩子和爷爷在河边玩耍，孩子问爷爷："读书到底有什么用？时间长了不也是会忘掉吗？"

爷爷让他把家里放煤炭的空竹篮拿过来去河里打水。孩子很疑惑，打了一篮又一篮的水，水却都流走了。

孩子问："竹篮打水，不是一场空吗？"

爷爷说："读书正如你今天拿竹篮打水一样，你总觉得什么都没有获得。可是你看看，原来脏兮兮的篮子现在怎么样了？"

有时阅读过后我们也许并不能马上就改变我们的生活，但是书中那些美好的东西却在一遍遍冲刷我们的思想和灵魂。

对孩子来说，读书最重要的功能是扩展他们的视野，进而让他们在未来面临选择时不会茫然失措。

如果你认为给孩子讲故事就是读读书，那么你就错了；如果你认为孩子读完书以后阅读就结束了，那么你又错了；如果你觉得阅读只是育儿中不得不做的一个基础工作，那么你还是错了。

对快速成长的孩子来说，科学的阅读方法可以帮助他们开发更多的大脑潜能。比如，我相信很多人都知道"过目不忘"这个词。拥有好记性在未来的生活、学习中都会给孩子带来轻松的感觉，别人看10遍才能记住的一个公式，记忆力好的小朋友或许只需要一遍就够了。以前我不太相信《射雕英雄传》中黄蓉母亲的惊人的记忆力，但是渐渐地我才发现这种过目不忘的记忆力是存在的，这就是人脑的无限潜力。

我的一个朋友，在她儿子年仅4岁的时候，告诉我她的儿子是天才。我心想这个妈妈真的爱孩子爱疯了吧。然而，当我和她在图书馆亲眼看着她的儿子仅看了一眼书本的名字，就一个字母不漏地默写下来的时候，我被震撼了。他仅4岁，还没有去学校，在大多数孩子连26个字母都不一定写对的年龄，他却可以仅凭记忆写下书本的名字，更神奇的是他能根据单词的拼写读出那个书名。即便你刻意教了孩子英文，也不可能让他随便拿本书看一眼就可以默写出书名，这说明他有超常的记忆力。

我们不得不承认人类的大脑有无限潜能，而每个人都有可能开发出自己特殊的才能。也许你的孩子并没有这个孩子那样超强的记忆天赋，但是没有关系，记忆力是可以培养的，是可以通过我们的努力帮助孩子增强这部分功能的，而且我们不需要领孩子去上专业的右脑开发课，只需要在早教阅读过程中，用些小方法为孩子的记忆力训练打下基础。

一、逐字逐句复述

年纪还小的孩子，或者初次开始增强记忆力训练的大孩子，可以读那种图片比较多、文字比较少的简单绘本。由于这些绘本内容比较少，因此适合让他逐字逐句地理解文字，并把这些简单的内容复述出来。也就是每讲完一个句子就可以让孩子看着你重复一遍，这是帮助他训练记忆力的第一步。

注意：这种训练的时间不要太长，不要让孩子失去阅读的兴趣。注意观察孩子是否喜欢这种记忆形式，一旦发现孩子有点厌烦就中止，等待下一次机会。

二、看图讲故事

阅读绘本最大的好处就是有图片帮助孩子记忆。大部分绘本的图片也是根据文章的故事所绘，所以当孩子不认识字的时候，他会积极地观察图片，以边看图片边听我们讲故事为乐。这时候，我们可以通过适时观察，针对孩子感兴趣的点提出一些问题，这样结合文中故事，孩子会慢慢学会利用图片的一些细节来记忆故事。这个方法既可以给孩子带来乐趣，又可以帮助孩子多一种记忆的方法，同时还可以帮助孩子提升观察能力。

注意：不要在孩子观察图片的时候打断他们，当孩子在看书的时候，实际上他的大脑正在探索和记忆图片的内容。

三、学着概括故事内容

当妈妈陪孩子读完一本故事书的时候，切记要第一时间请孩子回忆这个故事，比如给妈妈简单概括一下这个故事讲了些什么，包括人、地点、事情经过以及结尾等要素。当然，我们不需要孩子记住每一个细节，但是如果这个孩子可以概括整个故事，那么恭喜你，这证明他的记忆力已经有很好的基础了。

当然绝大多数孩子年龄还小，不可能记下故事的每一个细节。所以我们只要求孩子记住一个概况，一来可以检查孩子是否在认真听你讲故事，二来这种即时回想是帮助增强记忆的最大功臣，三来，这是在帮助孩子分析故事的要点，写什么故事能离开这几个点呢？不停地这么训练，不但可以增强孩子的记忆力，也可以帮助孩子打下以后写作的基础。

注意：记忆力训练本来就是一个循序渐进的过程，很多孩子不会在第一时间就记住关键的要点是什么，所以在读故事的时候，妈妈可以有重点地提到这几个要点，并且告诉孩子稍后会问这几个问题，让他有意识地去记忆。妈妈一定不要着急，更不要因为孩子没有记住而生气甚至骂孩子。

人的大脑很神奇，无论身体状况如何，只要它在运转，就可以创造无限的可能。记忆力不是一种天赋，它是人脑的一种机能，可以通过后天的训练而培养出来。以上这三个刻意练习，可以在日常阅读互动中像做游戏一样完成，从而为孩子的记忆力训练打好基础，并提高孩子的思维能力，以便未来更轻松地应对学习和生活。

07　这几个阅读培养的"坑"千万别跳

只有脑袋里装进了更多的知识，孩子在生活中遇到问题才能机智地应对。

有一段时间，豪豪爱看游戏攻略方面的书籍，在学校的book sale（售书活动）期间，他主动提出用自己的零用钱去买这类书。开始的时候我不同意，虽然我不反对他打游戏，但觉得不能让他太沉迷游戏；但是这些书是他用自己的钱购买的，我无权反对了，只好随他。没想到事情后续的发展出乎我的意料。

以前每日放学后，豪豪都会很开心地去和同学打篮球，但那天刚买到攻略书，他就迫不及待地坐在草地上翻看。同学来喊他打球，他都没有听到。我提醒他，让他晚上再看书，现在先去打球好了。小家伙这才恋恋不舍地放下书本，拿书签放在读到的地方，就跑去打球了。连着几天，他一直随身带着那本书，只要有一刻空闲的时间，就会拿出来翻看。

之前我从未看见豪豪这样痴迷一本书，简直到了废寝忘食的地步。

虽然那么多年每天都有固定阅读的时间，上学后老师每周也留有阅读功课，但他从来没有只将注意力专注在某些书上。这次是豪豪能独立阅读后，我第一次发现他爆发出这样专注的热情，让我很感动，很欣慰，同时也开始反思。

我们都说读书就是读书，不应抱着功利的目的，因为我们懂得阅读一定是日积月累然后才能厚积薄发。我想绝大部分家长也早就走出了类似这样的认知误区：阅读就是识字；阅读是孩子自己的事；阅读中随时纠正孩子……然而反观这么多年来培养孩子阅读的经历，我想还是有几类早期阅读容易忽视的"坑"需要我们提前规避。

一、追数量，浅阅读

如果孩子能每天坚持阅读，那么仅学龄前这几年下来累积的阅读量是惊人的。假设一年可以坚持300天阅读，一本书3天看完，那一年也要阅读100本书。

阅读量大并非不好，但是早期阅读就怕每本书都走马观花地看。其实在阅读早期，孩子通常有自己喜欢读的书就要爸爸妈妈给他反复读的习惯；等到他能独立阅读的时候，也可能对某些书比较痴迷，类似豪豪读游戏攻略书一样。这个阶段的孩子，与其追求一年读很多本书，不如数量少一些，多读几遍或进行深度阅读。

阅读不等于听故事，追求数量的浅阅读只是走形式，回头你问他故事讲的什么，他却听完早已忘记，那就没有意义。我想阅读还是要能让孩子读进去，哪怕并没有记住多少具体的知识，但能将那份阅读的感觉深深地留在脑袋里，才算是真正的阅读。

二、限制书的类型

很多父母会认为，给孩子挑书就一定要挑那些畅销书或者经典名著之类；还有一些父母认为，要挑选适合孩子年龄看的书。其实，到底什么是适合孩子看的书，真需要家长先了解后再买给孩子，不能人云亦云。

比如有些名著就被改编得面目全非，不适合给孩子做启蒙。还有家长认为3岁的孩子不该看科学百科之类的书，以为枯燥的内容会消减孩子的阅读兴趣。其实不然，结果如何也要视孩子个人的情况而定，其中最重要的是看孩子自己的兴趣，有些孩子就是对某类我们认为他不会有兴趣的图书特别痴迷，就像豪豪，他喜欢看游戏攻略以及运动技巧等在我看来都是很沉闷的书，但是他看得真的很用心、很投入。

我想，凡是能让孩子喜欢并专心去阅读的书都是好书，都是适合孩子的书。

三、在固定时间里阅读

我习惯了每晚睡觉前给豪豪讲故事，所以豪豪自己独立阅读后，也习惯在睡前看一阵子书。这对他并没有什么不好，睡前看书有助于孩子更快、更好地进入睡眠。在这个年龄段，他看的书都还比较轻松有趣，读书是一件可以让他身心放松下来的事情。

　　但是话说回来，阅读其实是一件随时随地都可以做的事情。我们说最好每天每个孩子至少有20分钟的阅读，但并不是说非要在睡前或其他什么固定的时间阅读。比如随着豪豪的年龄增长，他对知识的渴望日渐强烈，他的阅读量也在大幅度地增加，但是他的课外活动以及他生活中的其他事情也在增加，这无疑会打破他睡前阅读的习惯。

　　为了不让孩子的阅读习惯因为这样或者那样的事情被打破，那就慢慢引导他独立阅读，不去固定他的阅读时间，只要他有时间、想阅读就可以读。

　　培养孩子良好的阅读习惯，一方面是为了培养孩子处理问题的能力和独立性，如果孩子懂得去书本中找答案，那么他还会总事事依赖我们吗？另一方面是可以拓展孩子的知识层面，无论是什么书，只要他有时间就可以翻来看看。阅读是一种乐趣，与其想尽各种方法让孩子去喜欢某一类书，不如多给孩子一些尝试的机会，让他去书中寻找自己的答案。

小贴士：和婴幼儿沟通的6种手语，一学就会

有妈妈说，"女孩说话要早一点，男孩走路会快一点"。这种说法其实不准确，孩子说话或走路的早晚因人而异，并不能归结于性别的原因。我在跟随教授学习早教课程的时候，也学习了一些手语，以方便与还不能说话的孩子进行交流沟通。

这种方法会减少很多因为孩子表达不清楚而产生的育儿问题。人们总是把2岁称为"麻烦的2岁"，而这个"麻烦"的主要原因是孩子没能清楚表达自己的意思。

大部分孩子表达自己的想法都是先从肢体语言开始的，无论孩子的语言天赋如何好，在婴幼儿时期他总是很难仅仅用语言来表达清楚他的想法，大部分时间都会用肢体语言来辅助表达——这时父母需要根据孩子的肢体语言来猜测孩子想要什么。如果我们清楚孩子想表达的想法，那么育儿中的麻烦就会减少很多。

当孩子可以用一些肢体语言来表达他的想法时，他发脾气的次数会大大减少。站在孩子的角度思考一下，当我们总不能让人明白我们的需求时，会不会变得没有耐心，坏脾气会不会爆发出来呢？

我们在与婴幼儿沟通时，适当地使用一点手语，不仅可以增加你和孩子交流的效率，还可以让孩子安静下来，疏导其情绪，培养好性格。当然，我们并不需要学习所有的手语，和婴幼儿沟通也不需要复杂的手语，仅仅需要掌握一些简单的就行。这时和婴幼儿用手语进行交流，不

需要表达一个完整的句子。

一些简单的手语孩子接受得更快，也方便我们学习。在学习的过程中，我们会发现其实很多手语都是很容易猜测其意思的。手语是肢体语言的一种，并不像我们想象中那么难学，至少就表达简单的单词而言，婴幼儿手语真得不难。

下面我来介绍6种和婴幼儿更易沟通的手语。

手语一，表达"我要"。两手的五个手指头并拢，然后抵在一起。也有一些婴幼儿用拍手来表示。

手语二，表达"我爱你"。我想很多人都知道怎么做，就是曲起中指和无名指，伸出拇指、食指和小指，摇滚歌手很多场合都会使用这个手势。

手语三，表达"我要睡觉"。双手合十放在脸蛋旁。这个手势应该很容易理解，就是"我要睡觉"。当我们带着小朋友唱儿歌的时候，说到"睡觉"，他们就会做这个动作，婴幼儿也很容易理解。

手语四，表达"热"。用手扇动这个动作一是表达自己很热，二在多数情况下是形容食物很烫。我曾经遇到过很多大人因为总是怕孩子冷，给孩子穿得很多，孩子就一直哭，家长却不知道为什么，用手一摸孩子的后背，发现孩子都热得出汗了。所以当我们学了手语之后，如果你看到孩子的手在摇动着哭，就应该检查一下是不是孩子太热了。

手语五，表达"肚子饿了"。这个动作小婴儿一般很难做得很标准，如果手放在肚子上，就表示"肚子饿了"。

手语六，表达"谢谢"。这个就更有意思了，把手放在嘴巴上，说"谢谢"。

另外，有兴趣的父母可以跟着手势图表学更多的表达，在日常阅读中遇到同类表达，就可以做给孩子看，教会他。

日常使用的这类手语通常都是围绕生活展开的，并不多，手势也比较简单。我这里展示的是一些美国的手语，至于中国的手语是否不同，大家自己去找找资料。据我所知，各个国家的手语的确不同，主要是因为语言的表达方式不一样，但是在我看来，婴幼儿使用的简单手语则各国区别不大。

这些婴幼儿的手语只是为了帮助我们和孩子进一步沟通，实际上只要我们和孩子认同就可以了。

Chapter 3

双语阅读：
别错过孩子的语言敏感期

01　双语养育从胎教开始

　　我来美国后又回到大学校园，先后在加州大学、硅谷大学和奥尼龙学院完成了幼教相关课程，所以对第一个孩子的到来充满期待。在备孕期间，我特别小心翼翼，追求科学、健康的怀孕和养胎方法。我也关注孩子胎教方面的问题，未雨绸缪，怀孕之前的几个月已经开始看一些关于胎教的书了。

　　美国著名的医学专家托马斯的研究结果表明，胎儿在6个月大时，大脑细胞的数目已接近成人，各种感觉器官已趋于完善，对母体内外的刺激能做出一定的反应。关于胎教，我觉得不管妈妈是否认同其理论，在这十月怀胎期间，不正好可以趁机戒除一些坏习惯，调整一下自己已经散漫的生活习惯吗？

　　胎教的书籍看得多了，我怀孕后就越发地小心：每天固定时间看书、读书、听音乐；吃的方面就更不用说了，尽量保证营养全面，也不敢挑食；平时做得最多的就是散步，因为自从知道自己怀孕后，除了有时候要和家里人打打网络电话外，我几乎不用电脑，也很少看电视。

没了网络和电视，我的生活一下子空闲了下来，这个时候，我除了看书似乎也没有其他的事情可以做。我想着正好可以借机开始胎教，就从默默地看书转化成小声地读。晚上的时候，孩子的爸爸也会念书给我听，因为有时候看书看得久了，眼睛真的很累。

我们家的双语胎教就这样自然而然地开始了。我喜欢看中文书，因为对我来说读中文书毫不费力，豪豪的爸爸只能看英文书，所以我们每天就这么交替着读书。

在这样的亲身经历中，我有了一些思考：宝宝的双语学习是否应该从胎教开始呢？

也许有人会说，那是你家有讲双语的条件。是的，我不否认这点，但是如果我们的家庭中没有这种条件，是不是可以自己创造一个双语的条件给宝宝呢？

关于这一点，我给妈妈们几个提议：

1.利用孕期学习一下第二语言，你听得多、讲得多，胎儿也同样会受益。

2.可以用第二语言读一些小故事，或者学唱一些儿歌。

3.除了放一些钢琴曲，也可以放一些用第二语言唱的轻柔歌曲。

4.平常和胎儿说话，可以用自己最为熟悉的语言。

5.有方言的也可以同时使用方言和普通话与孩子说话，总之不要局限于一种语言。

我一直在观察和豪豪一起成长的同龄小朋友，有些小朋友的父母都说中文，这些小朋友在家的时候会偏向说中文，到了学校后就说英文，上学后中文水平明显退步。豪豪上学之后，我也曾经很担心他会不会像他们一样中文退步，甚至会不会到我说中文他都用英文和我交流的地步呢？

豪豪上幼儿园已经半年多的时候，他的中英文能力都很好，也能互相自如地转换使用。看到小朋友说英文，他也说英文，有人用中文和他说话，他就会立刻转换成中文。就当时的情况来看，不管是中文还是英文，他都可以说完整的句子，并且可以进行日常的生活对话，讲故事也可以用双语。

我相信，这和我一直坚持给他阅读两种语言的故事书有着密不可分的关系。同时我也在想，也许他的这种双语转换能力和我胎教时坚持双语阅读也有一定的关系。

我有一个朋友也是混血宝妈，她曾经对此提出过质疑，但后来她发现经过双语胎教，相比同龄孩子她孩子的双语转换和接受能力明显也比较强。

最后，我想说，不论我们对胎教抱怎样的态度，其实孕期我们也有情不自禁地和宝宝说些漫无目的的话的习惯，那么这时候借机将其转变为更有目的性的胎教，对妈妈来说也是件很开心的事情啊，我们何乐而不为呢？

02　0—5岁是掌握外语的黄金期

　　关于早教，我不想让孩子5岁前过早地学习英文字母、拼读、生字及数字等知识，因为我知道，在以后上学的过程中，他们是一定会学习这些知识的，根本不用着急。而过早学习这些知识，一来孩子还小，学习起来很吃力的话，会降低他们学习的兴趣，更会直接影响我们父母的情绪，反过来可能会产生错误的教育行为；二来这个年龄段的孩子，在我看来就是该让他们尽情嬉戏，更应注重情商的培养而不是知识方面的教育。

　　但是有两种学习却是例外：**语言和阅读**。这两种能力都是越早培养越好，年龄越大越不容易培养，也不容易养成一种良好的习惯。从目前的幼儿语言学的研究来看，孩子最起码可以同时掌握4种语言；即使孩子掌握4种语言会比较吃力，但是对一个小于5岁的孩子来说，掌握好2种语言是极其简单的。

　　有人会问，让孩子同时学习多种语言，会不会导致其多语混淆呢？

　　虽然有一部分孩子的确存在因为多种语言的同时学习而导致开口说

话的时间变晚的案例，但是孩子开口会说单词的平均年龄应该是18个月大，即使有些孩子会延迟几个月，甚至有孩子到了3岁还不能说长句子，这些都是正常的。只要孩子会发出简单的不同音节，只要孩子的身体没有问题，晚一点开口说话也没有关系。

而那些同时学习多种语言的孩子令人惊奇的地方是，一旦他们开始说话，不管使用哪种语言都有很好的表达能力。这一点是最关键的。

孩子学习语言的最佳年龄是0—5岁。

美国的神经认知科学家帕特里夏·库尔等的研究表明，刚出生的婴儿已经能够分辨母语和外语中的音。出生后6到12个月之间的语言环境，会影响他们一生的语言能力。

在孩子0—2岁的阶段，应该让他们多听，能听懂是学习语言的第一步。

通常孩子9个月大以前，跟父母会有意识上的交流。9个月到2岁是学习单词和词组的阶段，孩子在这个年龄段还不善于表达。孩子到2岁左右能开口说话后，是他们学习造句的阶段，虽然他们说得很少，但这就是一个很好的开始。

孩子在2—5岁的时候，父母与他们的交流要注重句子表达的完整性，适当地引导他们多阅读、多开口说各种语言，在不断训练他们区分多种语言的过程中，提升他们对语言的驾驭能力。

如果我们可以好好地把握住孩子人生最初5年的语言黄金期，就会让孩子在以后语言学习的道路上省下很多时间，消除很多烦恼。即便在这5年当中，孩子没有说外语的环境，仅仅是一直不停地听，虽然短期内可能没看到什么效果，但是当他们有一天开始学习这门语言的时候，你也会看到这种早期启蒙所带来的奇效——他们能很顺利地融入这个语言的环境中，很快能开口说，而且发音标准。这正应了学习一门外语的最主要目的：沟通。

有些妈妈问，我想让孩子学习英文，但是我和孩子他爸都不会说英文，怎么办呢？

我们不会说的语言并不代表孩子不可以学习。5岁以前，我住在外婆家的时候，说的是当地的方言。长大之后，当我回到外婆家住上一段时间后，家乡话就很自然地上口了。后来我搬去了另外一个城市，便不再说外婆那里的方言了，虽然不喜欢说这个城市的各种方言，可是我还是在不知不觉中理解了他们所说的意思。后来到上海住了几年，因为上海话和我的家乡话有几分相似，我便学会了上海话。曾经到广州呆过几个月，我又自然而然地学会了说广东话。来了美国之后，周围多了很多说广东话的朋友，我便有了练习的机会，至今我还经常能用广东话和周围的朋友交流。豪豪有的时候也会冒出几句广东话，大概是跟着我参加朋友聚会的时候，不知不觉地就学会了。

我坚信，让孩子学一门语言，最主要的就是让他从语言黄金期开始就不停地听，会不会说还不是最主要的，只要孩子能听懂就是启蒙的第一步，也是学习外语的第一步。而在学习语言的黄金期能够听懂的语言，将深刻地印入孩子大脑，令他一生都很难忘记。

阅读和语言学习是相辅相成的，孩子5岁前的这个学习语言的黄金期，家长千万不要错过！

03 双语家庭阅读欢乐多

豪豪的2岁生日一过，我突然发现他在自我表达上有了很大的进步。

之前我一直对他说话能力不如同龄小朋友有些担忧，总想着是不是因为我们的家庭生活中使用双语。

尽管理论上我知道小孩子在5岁之前学习语言时，不会因接触多语种就产生语言混淆，可是虽然我有在幼儿园可以切身观察的便利，但毕竟也没有24小时跟幼儿园的小朋友在一起，我的这种案例观察存在空白期，不能绝对确认。因此即使懂得那些理论，但真到了儿子语言发展的关键期，我也有些忐忑。

我的小侄子比豪豪大4个月，那时他已经会背唐诗和《三字经》了，而豪豪还处在仅会说词组的阶段。有一次，去幼儿医生那里给儿子做身体检查，医生判断他身上不存在生理功能的发育问题，而且开口说话的能力相对正常情况来说其实还有一点提早。

果然到豪豪2岁生日之后，我惊喜地发现他似乎突然间对我说的中文词就增加了很多，甚至开始说一些简单的句子。更让人开心的是，他对爸爸说话时是用英文，看到我却自然地开始说中文。通常情况下，如果我和他说的是中文，他的回答也是中文；如果我问他用的是英文，他也会用英文回答我。而且他开始大量地学习和重复我跟他爸爸所说的话。

有一天我带豪豪去看球赛的时候，也发生了一件有趣的事。

我的一位老朋友在赛场做义工，义卖一些饼干来支援球队。我就带着豪豪去帮忙，我用中文对豪豪说"别人递过来一张一元的纸币时可以给他一块饼干"，并且指了指饼干。他看着买饼干的人，接过钱后先用中文说了一句"一元钱一块饼干"，然后拿起饼干给那个人，又用英文说了一句"one dollar one cookie"。我们一群人都笑了起来，那几个啦啦队的小姑娘更是觉得他太可爱了，欢喜地过来抱他。

看着这群小姑娘围着他，我也就放心地和老朋友聊起天来，和他们已经有段日子没有见面了，感觉有很多话要说。说着说着，我们就说到了做母亲的都是负责演坏人的，父亲都演好人。当时我们是用英文聊天的，豪豪不知道什么时候回到我的身边，夹杂着中文和英文问："妈妈 is a bad guy？"（妈妈是个坏人吗？）朋友立马解释说："你的妈妈不是 bad guy，she is a good girl。"他学着豪豪的腔调，很是好笑。豪豪倒是不觉得好笑，歪着脑袋继续说："妈妈不是 good girl，妈妈是 good 妈妈。"

我们几个听完后笑得上气不接下气，就让他去继续给我们招揽生意。

或许有人会认为双语家庭可能在沟通和交流上有很多不便之处，其实不然，双语家庭由语言带来的乐趣是其他家庭所没有的，那种乐趣会让家庭氛围更加活跃，加深家庭成员之间的感情。

豪豪上幼儿园后，我每天晚上临睡前都会教他读唐诗。用了一个星期，豪豪会背《锄禾》了，但是他在背的时候总是需要我给他一点提醒，我一说"锄"，他就会"禾日当午"地接下去。

有一天，我们正在背唐诗，他爸饶有兴趣地跑过来坐在我们身边，鹦鹉学舌般地跟着豪豪念。本来豪豪也是看着书跟着我念，他爸这么一掺和进来，尽冒出来一些走音的中文，他主要是不会四声。估计豪豪听了之后觉得不对，就对着爸爸说："No，no，不对，是'锄禾日当午'，不是'促和'。"

"噢，不对？促和日……"豪豪的爸爸也是个善于接受他人意见的人，就跟着豪豪又说了一遍，但发音还是不对。

豪豪急了，用小手拍了拍爸爸的肩膀，对爸爸说："Daddy，daddy，不对，看我，是'锄禾'。"说的时候他还把头扭了一下，因为我教他的时候也是学着古人的样子按照声调摇头晃脑的，所以他也这样教他爸。

我在一旁看着这对认真念古诗的父子俩，眼泪都笑出来了。豪豪还真有耐心，一遍又一遍地纠正着爸爸。豪豪的爸爸也愿意配合，学着豪豪的样子摇头晃脑地念着极其不标准的唐诗。

还有一次，豪豪和爸爸洗完澡后，在洗澡间里大喊大叫，我推门进去一看，这两人在进行浴巾争夺战。那几天气温突然下降，天气转凉，我心疼儿子，怕他着凉了，他的咳嗽还没有完全好。男人就是这么粗心，根本就考虑不到这些细节，我拿了一条浴巾披在豪豪身上。突然，儿子指着膝盖对我说："痛痛！"

我一看，原来他的膝盖上多出了一块伤痕，想必是在外面玩耍的时候跌破的，看看也不是很严重，我就用药膏给他涂抹了一下。老公好奇地凑过来，用英文问我说："'痛痛'是什么意思？"我正想回答他，就看到儿子高傲地抬起头望着他爸爸说了一句："Hurt！"我和老公傻傻地看着他，又对望了一眼，继而爆发出一阵大笑。

儿子也傻傻地跟着笑开了，从我的怀里挣脱了出去，重复着"hurt，痛痛"，跑进了他自己的房间。老公跟在他后面，一把抓住了他："你是在教我中文吗？痛痛！"听着老公那洋腔洋调的中文，我忍不住又笑了起来。

临睡前，我们总是习惯给儿子讲些小故事，英文的故事书他就会很自然地给他爸爸，中文的故事书给我。不知道是因为儿子开始意识到两种语言的不同，还是因为他好奇爸爸为什么不懂他说"痛痛"的意思，他拿了一本中文故事书给他爸爸，我开始还以为他拿错了，就从他爸爸手中接过故事书，正准备讲给他听，他一把抢过我手中的书，交给他爸爸，笑嘻嘻地说："给爸爸。"

他老爸一看儿子那坏坏的表情，就故意把书拿过去，然后念上一串自创的语言，还装作一副很认真的样子，一页一页地翻着书本。豪豪"嘎嘎"地笑着，一边听着他爸爸的奇怪语言，一边在床上打着滚。这情景让我想起了《西游记》中的场景——唐僧念着紧箍咒，孙猴子抱着头在那里到处翻着跟斗。不同的是，儿子是抱着笑疼了的肚子在那里打滚。

　　看着儿子笑成那个样子，老公也跟着傻傻地笑着，还用中文追着儿子问："对不对？"儿子很坚决地一次又一次地回答着："不对。"老公跟着就问他："为什么不对呀？"儿子一本正经地坐直了身体，把书从老公的手中拿了回来，递给了我："给妈妈。"

04   利用好敏感期，孩子能掌握四种语言

孩子一过2岁学习语言的速度会加快，5岁前的孩子可以接受多种不同的语言，他们的大脑有自行分辨的能力，这时教会孩子外语相比他长大后再去学要容易很多。

而我们这种双语家庭也逼迫着孩子至少接受两种语言，对他来说，其实是一件很好的事情。当然每一个孩子的语言发育能力是不一样的，包括在双语家庭中长大的混血儿，他们的语言表达能力也有着明显的差别。

我记得当年上育儿课的时候，教授很明确地告诉过我们，每一个孩子都可以在同一个时间内接受四种不同的语言，并且不会混淆。

我生活在一个移民国家，周围朋友和邻居的孩子几乎都清一色地说双语，即便父母双方都是纯正美国血统的家庭，也会让孩子在很小的时候就学习第二语言。在中文学校，你看到的孩子不再是清一色的华人，还有很多印度裔孩子。

英语理所当然是美国的第一语言，所以大部分华人家长从不担心孩子的英文能力，反而很担忧孩子的中文。

　　豪豪当初开口说话较晚，有朋友曾经对我说"不要让豪豪学习太多语种，怕混淆了"。我不喜欢道听途说，孩子就算开口慢一点也不是什么大不了的事情。从怀孕开始我就坚持和豪豪说中文。对我来说，中文是我的母语；对我的儿子来说，中文也应该是他的母语。就好比在美国，如果有人问豪豪是哪里人？豪豪可以说是美国人，也可以说是中国人，混血儿本身就是两个国家的人，这个说法在美国已然成了一种习惯。

　　在语言能力方面，豪豪只能算是一个特别普通的孩子，18个月的时候他开始正式说一些单字和几个简单的词组，开始的时候他会中英文混着说，豪豪的爸爸经常要问我豪豪说的中文是什么意思。慢慢地，豪豪开始说句子了，这个时候他会跟我说中文，跟他爸爸说英文，有的时候他还会把我的话翻译给他爸爸听，为此还发生了不少有趣的事情。

　　在豪豪没上小学之前，我并不能区分出豪豪的中文和英文哪一个更好。白天的时候他在幼儿园跟我全部用中文沟通，夜晚到家他会很自然地用英文和爸爸交流。晚上我们给豪豪讲故事，他会找几本英文故事书给爸爸，把中文书递给我。我想他脑中应该没有感觉到中文和英文的差别，只是觉得一个词可以用两种不同的方式表达出来，而谁能听懂哪一种语言，他心中有数。

　　豪豪很小的时候，我就喜欢给他听西班牙语。西班牙语是美国的第二大语种，我周围有很多说西班牙语的朋友，电视上也会有说西班牙语的频道。刚开始的时候，我只是让他听西班牙语的音乐；后来，我在选择电视节目的时候，会直接打开西班牙语的儿童频道。在豪豪2岁左右，我发现他可以和邻居的墨西哥小朋友用西班牙语沟通。我很吃惊。最有意思的是那个墨西哥小朋友还不会说英文，一直和豪豪说西班牙文。豪豪好像没有什么感觉，两个人整天都待在一起玩，还变成了好朋友。

有的时候，豪豪的爸爸会质疑我，豪豪能看懂这个西班牙语的动画片吗？我让他去问豪豪，豪豪还会开心地用英文解释给爸爸听，俨然像个小老师。豪豪倒是不太会说西班牙语，或许是因为我听不懂，有的时候他会说出一些我完全听不懂的单词，慢慢地他也知道我不懂，就不再说了。

但是我们的墨西哥邻居告诉我，豪豪不仅可以听懂他们说的话，有的时候还会回应他们。我想尽管我和他爸爸都不会西班牙语，但是通过看电视节目，有了画面和语言的对照，孩子他接受得快，自己也学会了一些西班牙语，只是因为平常没有人沟通就不善于表达。我始终认为，这些学习过的东西会储存到孩子大脑中掌管语言的地方，也许有一天当他处在那个语言环境中就会学习得特别快。

语言是一种奇妙的东西，大脑也有着很复杂的结构，我们很难去想象，也很难去断定什么才是我们大脑可以接受的，让孩子从小多接触多种语言，只要他自己感兴趣，总是没有坏处的。

语言还是要从小就开始学，我自己对此深有体会。当初上学的时候学英文真的很困难，如果我们从小就有条件多听英文，即便不需要说，至少今后的学习和口语的发音也会容易很多。而且一些习惯一旦养成就很难改变，即使很多在美国生活很久的中国人也很有感触，因为我们可以和别人用英文沟通，可是我们的乡音是不会改变的。

05　手语：阅读中收获的第四种语言

每周三是我家附近图书馆开馆的日子，因为图书馆离我们家只需要5分钟的车程，很方便。我每个星期都去图书馆借书和还书，每次也只借一个星期的量：四本书，两本中文，两本英文。对豪豪特别喜爱的书，我就会延长借阅的时间。

以前我没有发现豪豪对手语的兴趣，通常英语书我都让豪豪自己挑选，中文书则由我帮他挑选。连着几个星期，我都在他自己挑选的书中发现了各种各样的手语书，我问他是不是很喜欢手语，他认真地点点头。

豪豪的爸爸也说豪豪每拿到一本手语书就会反复看、反复琢磨，一起读得多了，连他都会一些简单的手语了，但豪豪仍旧不知疲倦地让爸爸讲每一本手语书。

The Best Day in Room A（《在房间里最好的一天》）是豪豪借阅的第一本手语书，也是借阅时间最长的一本。它介绍了一些最简单的手语基础知识，其中包括1—10的10个数字、26个字母以及一些常用手势的步骤图解。对一个5岁的孩子来说，这本书是学习手语的一个很好的开始。

　　而这本书也让我收获了一个惊喜：豪豪因此学会了第四种语言。

　　以前我一直很注重让豪豪学习多种语言，除了英文和中文，我还一直很注重培养他第二外语——西班牙语的语感，但是一直都忽略了手语是孩子可以掌握的又一种语言。除了手语，几乎所有的语言都和发音有关，而且相对于其他语言学习而言，孩子只通过看书就可以掌握的似乎也就只有手语了。特别是对好动的孩子来说，这是一种相对容易掌握的语言。

　　因为少了发音的问题，豪豪通过看书掌握手语手势的进度并不慢，当然这也跟我们曾经在亲子阅读时对他做过针对性的记忆训练有关。

　　我知道每个国家的手语都略有些不同，但是我想总体来说，各个国家的手语相通的地方还是很多的。学习手语可以让孩子以后有机会帮助更多的残疾孩子，也可以在不适合通过声音交流的场合更便捷地交流，比如安静的图书馆，比如吵闹的球场。为鼓励豪豪，我答应他如果把手语学好了，我就会带他去聋哑学校参加孩子们的活动，这样他学的手语就有用武之地了。为此他那一段时间很兴奋，经常自己去翻看手语书，乐此不疲。书的每一页基本上他都可以倒背如流，每一个手势他也可以随时比划出来。这种自学的能力与成功带来的自信，对他以后的学习会有非常大的帮助。

　　发现他喜欢手语后，我很兴奋，因为比起西班牙语，他学手语的兴致明显更高，自学的愿望和能力也更强。虽然我让他从小就接触西班牙语的歌曲和动画片，但是因为我和他爸爸都不会说西班牙语，缺少日常运用的机会，他的学习兴趣一直不高。所以他即使能听懂也很少讲，现在几乎拒绝看西班牙语的动画片了。

　　我目前也无法判断他以后的第二语言是否可以修西班牙语，但有了手语，倒是帮我解除了后顾之忧。何况学习手语的好处还有很多，比如以后他会多一种沟通工具，可以去做义工，帮助更多特殊人群。对他自己来说，也多了一项实用的知识和技能，何乐而不为呢！

06　跟读：第二语言学习的诀窍

有一段时间，豪豪总爱与我玩闹，不是模仿我的一些行为，就是跟在我的后面学我说话。起初，我觉得这挺好玩的，没有在意。有一位朋友见到这种情景后对我说，"你儿子这样太没有礼貌了"。我想了又想，还是觉得没关系。孩子嘛，玩起来总是一时这样一时那样的，对很痴迷的某件事过一阵子也就没兴趣了。而且我还觉得他的模仿对我来说就是一面镜子，有时候看到他模仿我生气的样子和发火时说的话，自己会顿觉内疚。

就这样和他玩闹了一些时日，我惊奇地发现，豪豪的中文水平居然有了一定的提高，他有时候会不自觉地用中文回答我。这个发现让我雀喜不已，感觉这比我平日里逼迫他说中文管用多了。他若是这么喜欢"表演"，这么喜欢"鹦鹉学舌"，倒也是一个不错的学习方法。

之前我和豪豪一起读中文故事书的时候，大部分时间都是我读他听，然后让他回答一些关于故事情节或者一些细节的问题，帮助他理解词句的意思。但家门外的日常生活中，他更多地使用英语和人沟通，因此他回答我用中文提的问题时，中文表达中会夹杂很多英文单词。

我曾经对此有些不悦，却一时也没有什么好的解决方法。豪豪这次"鹦鹉学舌"的行为倒是让我灵光一闪：是不是可以把这种方式运用到阅读上？

于是从那天起，我给豪豪讲中文故事的时候，就提议他像平常模仿妈妈说话一样跟着读，看他模仿得像不像。简单的中文句子，我会一口气念完，他基本上跟着念都可以念对。一旦遇到较为绕口的词语或者成语，我会再重复一遍或者分成短句来念，同时花很少的时间略微解释一下这些词的意思，加深他的印象。豪豪很愿意跟读跟学，连我的音调都学得十足的像，在之前对他来说比较难的中文四个声调的发音上明显有了进步。

起初，十个字以上的句子，我都要分成三部分才能让他跟着念完。这样跟读了不到一个星期后，只要不是碰到特别绕口的成语，十个字以上的句子他都能一口气地跟读下来。因为在念的同时，我已经把每个他不理解的句子都略微解释了一下，加快了他对中文的理解，所以在整本书读完后的"问题时间"里，他回答问题时的进步尤为突出。

我还发现，之前豪豪虽然认识了一些字，但是不知道该怎样去写。一次中文阅读时间，他无意中看到一个"正"字，就很兴奋地对我说："妈妈，这个字我认识，是'正'字，正方形的'正'字，对不对？"

我想起来这个"正"字是前一天晚上念的一本书中出现的，于是，我就教他写了这个"正"字。这样一天学一个字，虽然速度比较慢，但学习是一条漫漫长路，我更希望他把基础的东西打实了，再去追求速度。

我也从不教豪豪学习汉语拼音，主要是避免孩子把英文音标和汉语拼音搞混，毕竟我们生活在美国，书写以英文为主，中文算是第二语言。我打算在豪豪的英文音标运用自如的时候，再教他学习汉语拼音，进而让他学会用汉语拼音查中文字典。在此之前，在中文学习方面，我只是教了他一些部首和一些常用的单字罢了。

所以，现在除了"鹦鹉学舌"地跟读，我们在阅读时还会做的一件事是让豪豪在一本书中挑选出一个他最感兴趣的字，然后用中文字典查找出来，看用这个字能组成什么意思各异的词。这个新发现让豪豪很兴奋。相比英文，汉字的一字多义现象更突出，这也是中文运用最为深奥的一个地方。比如给豪豪解释"东西"这个词的意思的时候，我说这个词里的字是指方向的，组合成词后指物品，豪豪就一直很奇怪为什么一个字可以有两种意思，而且两个意思相差这么大。根据这个例子举一反三，他后来也会问我，"工夫"和"功夫"的意思为什么会不同？

对于一些我们从小就知道的、具有多种意思的常用词，外国人很难理解，这或许就是学习第二语言的难处，就如英文里很多俚语的另一层意思让我们费解一样。所以在学习第二语言的时候，有些语言的运用确实只能设法让孩子做到意会。而这个过程中，最好的方法是将它们放到阅读中让孩子体会，因为书中的语境对孩子理解语义有着很大帮助。

读字典其实也是一种阅读。老实说，虽然身为中国人，但是我也有太多的汉字不认识，在不断认识新字的过程中，字典会成为孩子的好朋友，那么读字典自然也是一件极有趣的事情了。中国的父母们在孩子适龄的时期也可以试试这种方法，说不定能帮助孩子轻松打牢基础。

对于想培养孩子第二语言的父母，也许我们家"鹦鹉学舌"的这种跟读方法比较具有实操性。假如你不会英文却想让孩子学习英文，除了让孩子听英文原版的音频和看英文原版的视频"磨耳朵"外，让孩子跟着念也是锻炼其发音以及记住单词的一种诀窍，不过这个方法适用于大一点的孩子。

07　学语言和阅读一样需要"笨"功夫

很多在国外工作、生活的父母都会担心孩子的母语学习。

前几天我和一位日本妈妈也交流了这个话题。她有三个孩子，老大14岁，老二10岁，老三和豪豪是同班同学。她的老公是美国人，不懂日语。三个孩子的日语都是她一个人在努力教导，在周末的时候她就送他们去日本语言学校学习。

小的时候，她的孩子们都可以说一口流利的日语，也喜欢用日语和她交流。随着年龄的增长，孩子在学校的时候开始和老师、同学用英语交流，所以回到家里，老大就会很自然地用英语和母亲交流；老二也开始有这个趋势了，日语说得越来越少；老三因为还小，是目前用日语和她交流最多的一个孩子。为此她有些苦恼。

在美国生活的外裔孩子，日常使用最多的是英语，虽然每个家庭都有第二语言，但孩子还是习惯用英语沟通。父母双方都是中国人的家庭，尚且为孩子的中文而担心，把他们送到中文学校，何况像我这样的混血家庭，在孩子学第二语言的问题上更是难上加难。因为我的老公只说英文，豪豪学习中文就只能靠我一个人努力。

所以我一直在思考几个问题：语言学习靠的是什么？为什么很多外国人没有中文的语言环境，但他们依旧学会了中文？我当初学英文的时候，也没有说英文的环境，为什么我照样学会了英文？

我一直认为并且坚信学习语言的诀窍就是下"笨"功夫，多读、多听、多用。

豪豪4岁那年回国待了将近3个月的时间，我明显感觉他的中文表达进步很快。但是一回到美国，特别是上学后，周围的小朋友都说英文，他便倾向于用英文交流。只要不是和我单独在一起的情况下，他都只说英文，特别是我们的家庭交流时间，为了不让豪豪的爸爸感觉被孤立，我们选择用英文交流。

我们家的中文学习环境之差可见一斑，尽管如此，我从没放弃教豪豪中文。我俩单独在一起的时候，我只和他说中文；我们的阅读时间也安排有中文书阅读。这个过程中我坚持做两件事：一是在每天的中文阅读中教会他一个中文字，二是每天睡觉前陪他用中文聊聊天。

读书认字的时候他会问我那个字是什么意思，我先用英文解释，然后再用中文解释一遍；睡前聊天的时候他很放松，会很自然地用中文和我交流。在让孩子读书认字这件事情上，我告诉自己要一步一个脚印，只要坚持让孩子每天有一个收获，日积月累后自然就水到渠成。

现在豪豪上小学了，他自己已经可以看懂一些简单的中文书，遇到生字他会依据上下文认识的字猜测不认识的字。我依然不急于教他拼音，重点是让他观察和认识字的结构，凭着部首归类法他就可以自己猜个八九不离十。

我认为阅读和语言学习是紧密相关的，我努力培养他的阅读习惯，愿意花费更多心血去保持他的阅读习惯。孩子喜欢阅读了，会对各种类型的书籍感兴趣，这时有助于他中文学习的书也会吸引他的注意，当然前提是他已经认识一部分汉字了。

我承认，学习语言需要一个语言环境，但是我认为学习语言，坚持与环境同等重要。比如我坚持每天固定时间的中文阅读和睡前中文聊天的习惯就很有效果。我发现哪怕他日常生活中几乎没有讲中文的环境，但只需要找一个时机，比如让他到中国待上一个暑假，中文就会飞速回到他的大脑。我觉得他日常不说中文，只是觉得没有英文表达方便，或者中文说得没有英文顺畅，但不代表他不会说。

外语学习其实并没有速成法，也许世上有些事情努力也是徒劳，但是语言的学习，一定是努力坚持就会有丰厚回报的投资。

只要孩子坚持多读多听，那么最重要的发音和表达方式都会深刻地印在孩子的脑袋中。我们与其担心孩子学第二语言的环境，不如尽我们最大的努力让孩子获得一个坚持学下去的习惯。

小贴士：4岁以前必读的10本英文书推荐

英语是世界通用语言之一，大部分国家都会选择英语作为本国孩子学习的第二语言，中国亦是如此。

我们"70后""80后"这代父母当初学英语基本上是从初中开始的，学起来颇有难度。如今的孩子从小学就开始有了英文课，但是，我们说语言的黄金学习期是在幼童时期，尽早让孩子接触到第二语言，无疑能帮助他们更好地理解和掌握第二语言。

我们当初学习英语，仅仅是背大量的单词、记语法，现在想来，虽然单词量的储备是学习第二语言非常重要的一个部分，但是这种仅凭记忆的学习方法实在是不科学。

所以，我会提议用阅读的方式，利用故事书、动画片等更为轻松的方式帮助孩子从小学习英语。当孩子在幼童时期，学习英语对他们来说是比较轻松的。而且我们的目的不能单纯地只是为了孩子学习英文，幼童早期教育的重要途径往往也会体现在阅读里。

当我们给孩子阅读完一本英文书之后，给孩子讲故事以及背后的知识或道理时，也是在帮助孩子理解世界。一本好的书籍，在教孩子人生道理时，这个道理的主题会符合他们的年龄特点，还会通过有趣的方式呈现出来。

很多幼儿的英文书，语言简单，彩色图画多，书中经典的故事加上经典的优美句子，让孩子可以快速记住。

幼童可能认字不多，但是他们的记忆力以及想象力都超强，好的书会帮助他们更好地锻炼大脑的这部分功能。

以下10本英文书，是美国最受欢迎的幼童读物，也是豪豪都读过并收藏起来的书。例如其中有最为经典的《好饿的毛毛虫》，我想很多家长都知道并且有给孩子读过。这类书除了看和读，还可以让孩子动手玩，非常有趣。

如果你打算让你年幼的孩子开始接触英文，那么就从这10本开始读吧！

1.*Don't Let the Pigeon Drive the Bus* (《别让鸽子开巴士》)

2.*Goodnight, Goodnight, Construction Site* (《晚安，工地上的车》)

3.*Goodnight Moon* (《月亮晚安》)

4.*The Very Hungry Caterpillar* (《好饿的毛毛虫》)

5.*Where the Wild Things Are* (《野兽出没的地方》)

6.*Harold and the Purple Crayon* (《哈罗德和紫色蜡笔》)

7.*The Tale of Peter Rabbit* (《彼得兔的故事》)

8.*The Cat in the Hat* (《戴帽子的猫》)

9.*Frog and Toad Are Friends* (《青蛙和蟾蜍——好朋友》)

10.*Madeline* (《玛德琳》)

Chapter 4

分级阅读：
你为孩子选对书了吗

01　阅读启蒙从听妈妈声音开始

曾经有人问我婴儿怎么做亲子阅读呀？

宝宝在出生后的头3个月视力基本上只有成人的1/30，但是他会根据声音和感觉去寻找妈妈和家人的方向、位置。这个时候，让婴儿看书当然不是一个正确的阅读方式。婴儿从第4个月开始就可以看到妈妈，眼睛会跟着大人的走动而转动。这时候就可以给他看一些简单的图片了。

但对婴儿来说，听才是他的先天优势，可以借助读和听的方式来为孩子做阅读启蒙。

我会建议新手妈妈们尽量把休产假的时间都拿来陪宝宝，因为新生宝宝对妈妈情感上的依赖是他建立安全感的重要途径。在这期间，借助对婴儿阅读的启蒙，妈妈可以和孩子做更多语言交流，即便是出去玩，也可以把我们看到的别的孩童玩耍的情形用自己的语言轻缓地描述给孩子听。从某种意义上来说，这也是一种阅读。

对婴儿的阅读启蒙不需要固守在读图文书一种模式上。

难道一定要拿着书本读才叫阅读吗？我认为书本是人写出来的，我们把看到的、听到的转化成文字就是一则故事，我们用语言组织起来讲给孩子听，这也是一种"阅读"。

有人会说，妈妈坐月子很少出门，而且中国的月子禁忌也有很多，其中有些地方就有不能看书的说法。为了尊重风俗，我们大可以不看书，但现在有很多语音故事的APP应用软件，我们也可以放语音故事给我们的宝宝听，这同样也是一种阅读启蒙。当然这种方式的阅读有一个缺点，就是不够温暖。婴儿的听觉很敏锐，他更喜欢听到周围的人的声音，特别是妈妈的声音。

我们可以在婴儿醒着的时候，给他讲讲你看到过的小故事或者你自己的成长故事。多说一些积极性的语言，有助于提升婴儿大脑的活跃性。这时，我们千万不要对着宝宝抱怨另一半的不体贴或者说一些悲观的话。孩子的感觉是很奇妙的，我们都希望自己的孩子将来有一个乐观的心态，那么就要注意别因为他还小、不懂事，便肆无忌惮地发泄负面情绪。

出了月子之后，我们可以正常地给孩子念书了。这时候，很多妈妈可能认为选择适合婴儿听的书本是一个难题。事实上，这时候对书的选择是最简单的，不要认为一定要念适合婴儿的简单的书，我们大可以给孩子念一些比较复杂的长篇童话故事、小百科常识或者自己听到的一些历史故事。这时候婴儿只是根据爸爸妈妈声音的频率作出一定的大脑反馈。

记住3个给婴儿阅读时需要注意的地方就可以了。

1.声音缓慢温和，咬字要清楚，带有感情地朗读最可以吸引孩子的注意力。

2.一段文字结束的时候可以停几分钟，一个故事结尾的时候可以和婴儿讲讲我们对这个故事的评价。

3.每一次孩子"闹觉"的时候，我们都可以用阅读的方式帮助孩子入睡，而非用奶嘴或者摇晃安抚的方式。用阅读的方式哄孩子入睡，一旦使之养成习惯，对孩子今后性格的形成会是一个很大的帮助。

培养孩子的阅读习惯一定不能晚，从婴幼儿起就可以开始尝试。同时所谓良好的阅读习惯并不仅仅只是睡前阅读，只不过包括我自己在内的大多数家长，都在不自觉中培养了孩子睡前阅读的习惯，但我一直觉得还不够，因为阅读本应该是随时随地可以进行的一个习惯。

妈妈所采取的阅读方式也可以避免单一，不用固守在读纸质书这一种方式上，可以发散思维，给孩子哼哼儿歌、读读童话，甚至将自己手头正在做的事絮叨出来变成声音。

妈妈的一言一语都是对孩子的阅读启蒙！

02　给0—1岁孩子选书有讲究

0—3岁是婴幼儿大脑发育的第二个高峰期，皮层发育到6个月时开始接近于成人，3岁时脑细胞约分化基本完成。这个阶段，孩子已经具备了成人大脑的基本结构，只是功能上还远远差于成人而已。

因此源于他们大脑的感觉是非常灵敏的，孩子在这段时间内最容易学习某些知识和经验，错过这个时期可能就不能达到最好的水平。

所以婴幼儿时期，对培养孩子的阅读习惯和阅读能力也是至关重要的。对一些认为孩子还小，什么都不懂，所以就无需用心培养孩子阅读习惯，只要管好他们饮食起居就可以的父母，我只能说"No!No!No"。终身阅读的爱好与习惯，要比任何其他早教项目更有意义，门槛也更低。

现在，我想重点讲讲0—1岁孩子的亲子阅读注意事项。

可能如何给婴儿选书是很多妈妈头痛的问题。比如有些大一点的婴儿喜欢抢书，有些喜欢扔书，妈妈有心读却总是受到孩子的干扰。这些情况我在幼教工作中和带豪豪阅读的时候都曾经碰到过，为此总结了一些经验。

对于0—3个月大的宝宝，家长可以选择读起来比较有韵律感的书念给宝宝听。

比如诗歌、儿歌以及一些押韵的故事。宝宝刚醒来的时候给他念一会儿，在念的时候声音要力求抑扬顿挫，这样可以让宝宝更专心。

宝宝再大一点，3—6个月，家长可以选择一些有基础颜色及简单图片的书。

不要选择那些颜色过于艳丽的书，对孩子的眼睛不好。书的每一页最好都是厚页，同一主题的几页就组成一本小书，比如讲颜色、讲动物等，有没有文字都不重要。在读的时候，家长要抱着宝宝，看图说话。同样，我们用抑扬顿挫的声调读出来，依然是宝宝最爱的方式。

宝宝6个月之后，会学着坐和爬，对周围世界充满好奇，这时家长可以找一些能提升宝宝兴趣的书。

比如有的以动物为主题的书，装饰有一部分毛发可以让宝宝抚摸感受的书，或者可以翻开后在其中找东西的立体书。这些书最容易吸引孩子的注意力，因为宝宝对新鲜的事物总是有着强烈的好奇心，我们可以在宝宝要捣乱的时候，用这些书来吸引他的注意力。

1岁左右的宝宝能安静地坐下来，家长可以选择字数少、图画简明、主题贴近其年龄的故事书。

　　除了睡前读物可以选择一个稍长的故事来安慰他入睡之外，其他的故事书都要尽量简明扼要，一看图片就可以明白故事讲的是什么。文字的字数当然不能多，几个单词就足够了，但是我们可以给他做讲解。一般宝宝看书的兴趣可以持续3分钟，所以我们选择的书可以3分钟内看完。有些宝宝听得多了之后，亲子阅读的时间会加长，一般我见过的1岁左右的孩子基本上可以听5分钟。但是我不建议给宝宝讲故事书的时间过长，几分钟一个故事，可以每天反复说。次数可以多，但不能一次时间过长。

给小宝宝的书，要小而薄。

　　宝宝还小的时候，专注力没有这么强，对书的认识没有那么多，兴趣也没有那么强烈，在引导其阅读兴趣的过程中，需要运用一些互动技巧来给予他更多的吸引以培养他们的专注力。在书的大小选择上，最好选和我们一双手差不多大小的书，页数在5—7页就足够了。

不要选择易破损的书。

　　宝宝在翻书的时候抓破书是很正常的，正好说明他对书有着强烈的好奇心。只是很容易破损的书可能会伤到宝宝，所以我们在选书的时候，在书的用材和纸张厚度上要多加注意。

可以用宝宝的照片给宝宝做一本书。

　　父母可以把宝宝不同表情的照片放在其专用的相册中，或者把照片粘在硬纸片上做成宝宝自己的书，并且在上面写下我们要对宝宝说的话。宝宝自己看自己的照片会看得特别久，他对自己的各种表情会特别感兴趣，然后我们可以一一讲给宝宝听。

　　当然，让宝宝爱上阅读的习惯不是一朝一夕可以培养出来的。父母在心中要构建一个给孩子分阶阅读的蓝图，在他还小的时候，用一些小技巧、小方法来培养阅读兴趣！

03　给2岁孩子选书不可不知的4个要点

孩子进入2岁就进入了一个"麻烦"的时段，他们各方面的能力都有所提高，却并没有提高得那么多；他们对世界有了一个基本的认识，探索欲望增强，内心慢慢强大了起来。

这个时候，爸爸妈妈会发现和孩子说道理不是那么管用，因为一方面他们的理解能力还没有那么强，另一方面他们的语言能力也还处在能说词但句子不一定能说完整的状态，所以他们时不时会因表达不清楚或爸妈不能理解他们想要什么而发脾气或哭闹。

对2岁大的孩子，家长选择他们读的书时，可以偏重在安抚情绪的主题书或趣味性的读物上。比如在豪豪的"terrible twos"阶段，我给他选的绘本有"*I Fell*（我感觉）系列"和"*I Love*（我爱）系列"等。

今天我就挑选"我爱系列"里豪豪最爱的《我爱跳舞》，来给大家分享一下父母给2岁左右孩子选绘本的4个要点。

一、一页文字最好只有几个字

2岁的孩子只能懂几个字的意思，我们讲得越多他们越听不进去，阅读也是一样。如果我们找那些只要几个字就可以组成一句话的书本，那么孩子的注意力自然会被吸引。而且一页上只有对应绘本图画意思的几个字，可以帮助孩子理解这几个字在我们讲的句子中的成分，对孩子语言能力的进一步发展有益字

二、内容趣味性强，动作引导性好

2岁是一个喜欢用行动来代替说话的年龄，所以我们要根据孩子的心理特征，选择一些既能引导他们做一些动作，又有趣味性的绘本。这些绘本可以让他们牢牢地记住我们为他们读的那些话，潜移默化中让他们明白动作和语言的对应性，从而加速他们对语言的学习。

三、要有情绪行为的指导方向

2岁的孩子往往会在无意间做一些错事，他们并不知道错在了哪里，所以我们要给孩子在情绪和行为上做一个正确的引导。"感觉系列"就是一套很好的情绪行为引导的书籍，但是我们在给孩子读这个系列的时候，要精简文字，务求让孩子明白故事。

四、发挥想象力的空间要大

孩子2岁的时候是认知世界和开发想象力的最佳时期。他们对很多

新事物并没有固定的认知和思考模式，所以有很丰富的想象力。孩子的想象力有的时候在大人看来有点犯傻，其实那些都是他们梦想的翅膀，而且也是孩子幽默感的一部分，这对他们好性格的培养也有很大的辅助作用。

"I Love 系列绘本"有很多生活化的主题，我之所以选择这本《我爱跳舞》是因为它是豪豪的最爱。

在书的第一页，小斑马就开始介绍自己的名字了。在给孩子读本书的过程中，我们也可以问孩子："小斑马的名字是……你知道自己的名字是什么吗？"然后告诉他在见到不认识的小朋友时，可以和小朋友握握手，问问对方叫什么名字，这是和人打招呼的方式，我们要学会懂礼貌。

书的第二页是小斑马的一句话"我爱跳舞"。读这一页，我们也可以问问自己的孩子"你爱跳舞吗""你还爱干什么"之类的问题，让他学习如何表达自己的爱好。

接下来的内容，是描述各种看起来有点傻的跳舞方式。对照每一页的跳舞方式，我们都可以和孩子一起模仿，在玩乐中通过动作来帮助其理解文字的意思。

书中的内容还涉及一些用语言来控制肢体动作的主题。比如"stop（停止，别动）"，这个词对养育2岁孩子的妈妈来说，是很关键的一个命令词。在生活中，一些简单的命令词能起到很大的作用，我们可以用中英文不同的表达来制止孩子的不端行为。

这本书中还出现了很多反义词，通过对比来提高孩子的某些概念性的认知能力，比如闹哄哄和安静、高和矮、大和小等。

书中还描述了各种具有想象力的情景，比如果冻跳舞会是什么样的跳法。这是可以激发孩子想象力的话题，比如果冻可以在箱子里翻滚，从箱子上往下翻跟头，在箱子上转圈圈等。这些动作我们也可以和宝宝一起做一做，让他玩得开心，学得开心，还可以促进孩子运动。

好的绘本最大的特点是从孩子的心理角度出发来创作，用孩子的思维来写孩子愿意并且会做的一些事情。因为贴近孩子的心理特点，孩子容易接受，所以读这类绘本时，孩子更愿意听进大人想告诉他们的道理。

像《我爱跳舞》这样的绘本，完全符合我们前述的四要点，亲子共读时的效果会比较好，很多故事场景都能激发孩子的思维。但也正因如此，如果在孩子睡前阅读，那就应该继续给孩子读几个安静点的、不需思考的小故事，让他们的思绪能平复一些，以帮助他们更好地进入睡眠状态。

这一点懂得孩子心理的作者也会考虑到，比如"*I Live*"这个系列的绘本，每册的最后一章都有睡觉的故事场景：小斑马自己睡觉了，月亮和小狗陪着它。

04　给3岁孩子选书的6个标准和建议

每个年龄段的孩子对阅读层次以及阅读内容的需求有所不同，所以给孩子选书是父母要修的功课。随着跟读者交流的问题越来越多，我注意到在微信群里有不少妈妈问过我一个相同的问题：该怎么给孩子选书？而且问这个问题的父母，他们的孩子大多在3岁左右。

我将基于这个年龄阶段孩子的特点来分享一下我在豪豪3岁时为他选书、选绘本的几个标准。

一、开本大小要合适，最好是小朋友拿着轻巧的开本

市面上有很多大开本的绘本，很重，先不论书的纸张质量和内容的优劣，对3岁的孩子来说，首先小孩看大书，孩子在视觉上就有一种不协调感，更关键的问题是太重的书，他们会觉得拿着麻烦，我们可以类比一下我们成人拿大部头精装书读的感觉。

而且我观察到一个现象，小开本薄薄的书孩子拿在手里方便轻巧，"玩"书的兴趣高，所以他们更愿意模仿父母给他们讲故事的样子，拿

着书给父母讲故事。

二、所选书的主题要符合3岁孩子的行为模式

我们知道孩子的第一个反叛期在3岁左右。

因为身体的运动能力和语言能力也逐渐发展完善，这个年龄段的孩子渐渐地发现自己可以用语言和行为来实现"独立"，会急于向他人表现"我自己可以，我能行"，对不符合自己意愿的行为干脆说不——"我不要""偏不"……

3岁也是一个父母要给孩子灌输大量生活道理的重要时期。

这时候的孩子开始有些懂事了，会体贴人了，但总体来说，他们还处在懵懂的阶段，对事物及生活开始有了求知欲。

所以这时候书籍是很好的教育辅助工具，如果一本书是针对3岁孩子的行为模式进行讲解的，那么孩子会在父母给他读故事的时候，自觉地把自己代入书本的角色中，然后能明白哪些事能做，哪些事不能做。

三、文字要独到、精简且容易记忆

3岁也是孩子大脑飞速发展的阶段，虽然基本已经具有成人大脑的结构了，但功能还远远不够，比如记忆能力还不是很强，他们只能记住一些让他们有感触的话。所以我们在给孩子选择书的时候，要找那些文字吸引人、句子简短的书，这样会更方便他们学习整个句子的使用方法。别忘记了，3岁也是孩子学习语言的敏感期。

四、故事要有吸引力，与生活接轨。

童话故事书虽然是很好的书籍，但不太适合3岁的孩子，我们可以适当地给孩子讲一些童话故事来提高其想象力，但是童话书大多文字繁多、篇幅极长，删减版又省去了其精华。

我建议在这个阶段，给孩子选择一些以生活为主题的故事书，讲的就是孩子身边人或者自己的故事，更能吸引他们，也有助于用他们更容易接受的方式给他们讲生活道理。

五、要有能启发孩子思考的主题设定

3岁的孩子语言能力发展速度很快，他们会自己选择一些押韵的词语组句。美国有一本很出名的书叫 *The Cat in the Hat*（《戴帽子的猫》），里面就有着大量的押韵词组。这本书单词简单，故事风趣，看完、笑完之后还很容易记住，更重要的是，还能提高孩子的想象力，启发其进行更深入的思考。比如豪豪3岁时特别喜欢的"奇奇系列"绘本，内容也是以讲道理为主，在看完书中奇奇的各种做法之后，他会对自己的一些行为进行对比思考。

六、图案颜色要亮丽，插图的趣味性要强

美丽多彩的图片总能引起孩子的兴趣，这种绘本适用于6岁以下所有的孩子。市面上流行的绘本都色彩艳丽、图案繁多，而我在豪豪3岁左右为他选书的时候，更倾向于那种卡通趣味十足的书。这类书会引起他的情感共鸣，让故事深入他心。

讲完了选书的6个标准后，我想再附加一些小建议。

如果父母的英文还不错，或者说愿意学习的话，这个阶段给孩子选择双语绘本是不错的做法。

这个阶段也可以用前文讲过的"比赛讲故事"阅读法，来训练孩子的记忆力和语言表达能力。像"奇奇系列"因为主题贴近生活，故事本身也不复杂，加上有图片的辅助，很适合让孩子自己尝试将书中的故事讲出来，孩子很容易记住并且可以独立讲完整个故事。

豪豪在看完"奇奇系列"绘本后，很快就可以很流利地讲给我听。有时候我会故意讲错，他就会纠正我，并且夺过书来，要反过来讲给我听。经过几次阅读和给我们讲后，他很快就可以将绘本中奇奇的故事讲给别的小朋友听了。

3岁孩子的阅读，选择合适的绘本是一方面，激发孩子讲故事的欲望是另一个重要的方面。父母可以不时故意犯几个阅读上的小错误让孩子来纠正你，从而树立并增强他们可以独立讲故事的自信。

豪豪3岁时，每天固定的阅读是中英文绘本三册，每天选一册由我讲给他听。除了按这个年龄段为他选一些以生活为主题的书外，我个人倾向于不限制豪豪的阅读范围，任何他喜欢的书籍都可以帮他去图书馆借或买回来。他有时候会选择一些无字书、顺口溜等去了解更多有趣的文体，有时候会根据气候的变化而选择和天气或季节有关的书，甚至有时候会选择油画艺术类的书做观赏之用。

我觉得孩子的阅读不能都是无趣乏味的知识性的，也可以在读一本可以让他思考的书之后，让他读笑话类、动手类甚至像豪豪后来特别感兴趣的球类运动或游戏攻略的书，都可以。

阅读最关键的，还是要让孩子一直保持对阅读的兴趣，适量让他看一些好玩的书籍是必不可少的调剂。

05　5岁以下的孩子如何阅读无字书

　　我个人很喜欢无字书。第一次给豪豪买无字书的时候，我就爱上了这种类型的书，因为它不仅给了我很多讲故事的空间，也给小朋友们创造了阅读的想象空间。阅读这种典型的"看图说话"类书籍，不同的孩子会有不同的理解，如果是几个小朋友同时读完一本书之后给我们讲故事，肯定会给我们很多惊喜，因为用孩子式的思维去读到的故事，可能每个角度都很有趣。

　　无字书最大的好处就是它不会局限孩子的思维，反而给了他们很多创造的灵感。其实仔细想一想，有多少5岁以下的小朋友真正能够看书上的文字就完全理解故事的意思呢？他们脑海中出现的故事，都是我们依照书上的文字表达灌输给他们的，他们只是听到我们所讲的，硬记下了故事的情节。然而，读无字书不一样，他们会读出很多种故事来。

　　阅读无字书，不仅可以锻炼孩子讲故事的能力，还可以让我们借助他们讲的故事，了解他们的思维方式和对事物的理解。通常无字书的后半部分会留有空白页，就是希望父母让孩子读完这本书后，留一个想象空间，让他们给我们讲他们所看到和想到的故事。

我为豪豪读无字书，一开始确实需要我先拿着书教会豪豪怎么"读"故事。但我并不希望他按照我固有的套路来理解故事，而是希望他在阅读的过程中找到学习的乐趣，获得了解世界的乐趣，提高想象和思考能力。

教孩子们读无字书，让他们自己学会理解和表达才是目的，其实并不需要我们用太多的语言来描述这个故事，更不需要我们用自己的思维去解读。

我们可以先从介绍封面、颜色、作者等情况开始，然后把书上画的内容或角色演示的动作，用几个字、几个词准确地告诉孩子，再用提问的方式来引导他们更好地读懂书中的场景和故事。也许你会听到他们给出一些很有趣的回答。

我工作的海豚幼儿园里，有一个3岁的小女孩特别爱读无字书。一次我问她，你看到了什么，她说红色，翻到下一页的时候，她兴奋地说，这里画了一本书。

豪豪很小的时候喜欢把无字书倒着看，一次他翻到有很多气球的一页，我问他看到了什么，他眨眨他的大眼睛对我说"grass（草）"。没错，那时候春天刚来，草地上的确有各种颜色的花朵，所以一个2岁的孩子在无字书中看到了春天。我给了他一个high five（庆祝成功的击掌），鼓励他继续想象。

孩子年龄偏小时通常关注力不够，他们没有那么大的耐心去看完整本书。我们要理解孩子的这种特点，在阅读的时候，鼓励他们只看其中的一页或几页，然后编织一个小故事，这样可以激发他们继续看书的兴趣。

比如一本无字书中有一页的内容是一幅画，画中一个小女孩坐在窗前看书，书里面有一个小男孩正看着和她手中一样的书，而且小男孩书里的人物居然就是这个小女孩。

这个故事可以这样给孩子读：

有一个小女孩离开家到幼儿园上学了，可是她在读故事书时很想念弟弟，于是她就把自己的弟弟画下来了。她想弟弟也一定很想念她，于是又把自己画到了弟弟所看的书里。

当我给幼儿园里的小朋友讲完这个故事后，我就问他们是不是也想念自己的爸爸妈妈呢？并且我告诉他们，当他们在想念自己的爸爸妈妈的时候，他们的爸爸妈妈也在想念他们，就和这个小女孩想念她的弟弟，她的弟弟也在想念她一样。小朋友们很高兴听到爸爸妈妈对自己的想念。在幼儿园的小朋友，有的时候会特别想念爸爸妈妈。我通过这个故事让他们知道爸爸妈妈也非常想念他们，可以给他们一种温暖的感觉，让他们的情绪好起来。

阅读无字书，重要的是让孩子们喜欢上翻书的感觉，他们看多长时间不是问题，我们别要求他们在多少时间内看完一本书，特别是5岁以下的小孩，完全没必要硬性规定，他们爱怎么看就怎么看。

这时我们唯一要做的是，鼓励他们说出自己看到和想到的故事。

06   初入学孩子学习英文怎么选绘本

豪豪慢慢长大，现在他功课的难度也在逐渐加大，日常生活中我们也会遇到各种各样的问题，因此我越发意识到我之前忽略的，甚至说根本没想到的一些教育引导会是那么至关重要。幸好现在还不晚。

豪豪开始上学之后，我发现他因为没有专门学过音标，英文的学习进度和看英文书的速度让人担忧。老师在给家长的学习报告中也提到，豪豪在英文拼写和阅读速度方面掌握得不是很好，需要引起注意。

我就想是否应该送他去专门培训一下音标，因为这毕竟是英文学习的基础。后来老师给了我一些建议，说可以借助阅读来解决这一问题。我一听，很高兴。因为阅读对豪豪来说本就是每天都要做的事情，如果通过有针对性的书籍选择，就可以帮助豪豪改善这个问题，那无疑是我最愿意选择的一种方案。

于是，我开始根据排列的顺序为豪豪选择初级字母绘本。

我去了几个不同的图书馆寻找这类初级字母绘本，结果发现了另一个天地。其实很多品牌的绘本都有字母书，用不同的故事内容来呈现字母和包含同字母的单词，让孩子很容易地记住某些单词，并发现其中那些相同字母的发音规律。豪豪读这类绘本的时候，可以完全根据提示图做到自己独立阅读完整本书，这让他的阅读兴趣和自信得到了大大提升。同时通过读故事中不停重复出现的单词和字母规律，他在拼读和拼写上也有了很大进步。

这个发现让我雀跃不已，我便开始疯狂地在各个可以借阅的图书馆里，成套成套地给他借这类书，而且每一本我们借回来的书都要反复地读上好几遍。当然不是在一天之内，通常是一个月内把整套书读上2至3遍。

例如 *I Can Read*（《我会阅读》）系列绘本。从初级开始，每一级都有上百本不同的故事书供孩子阅读，直到他读熟甚至背会了，才可以升到下一个等级。在读的过程中，切忌让孩子死记硬背。当时我采用的方法是，每天的阅读时间，豪豪先自己读一遍，爸爸再给他读一遍。读完之后，我给他再换一套故事书。因为多次重复一个故事会让孩子失去兴趣，所以我经常换故事，但是隔一段时间又把他几乎忘记的这套书再借来继续阅读。因为之前看过的书会有些印象，随着他的英文阅读水平的提高，第二次阅读就会很容易记住。

另一套 *Biscuit Meets the Class Pet*（《小饼干和班级宠物》）是我觉得比较轻松又比较有趣的书籍，而且还比较适用于刚上学的孩子，对孩子生活习惯的培养也会有一些帮助。这一套书读起来比较轻松幽默，是听老师推荐后豪豪小朋友自己去图书馆找来的，他反复读了好多遍。

豪豪经过一段时间的针对性阅读训练后，无论是在发音、阅读速度还是拼读上都有了很大进步。当然最令我开心的是，我不用考虑花大笔钱把他送去音标老师那里专门学习音标了。

我建议刚开始学英文的小朋友可以从借阅字母书开始。每一本字母书都是根据一个字母而展开的，配一些简单的图片，这些图片可以帮助孩子猜测单词和句子的意思，对小朋友初学英文会有很大的帮助。如果有整套的初级字母绘本更好，非常适用于初学英文的小朋友。因为它编故事选用的单词不复杂，每册书之间还有一定的关联性。

对于英文是第二语言的小朋友而言，这样的书也绝对是入门的最佳选择，唯一美中不足的地方是它们似乎没有配套的音频教材，这对刚开始学习英文的中国小朋友来说有些不足，但是在没有音频教材的情况下，父母可以给孩子念书，其实阅读绘本的过程中家长的陪伴是最重要的。

如果你的孩子正在学习英文，那么他们是有能力自己阅读这类绘本的。豪豪小朋友当初读了大半年了，也还停留在初级阶段。我认为把基础打牢比追求学习速度更重要。

小贴士：遇到这6类书，家长千万别给孩子买

我本身是一个爱书之人，总觉得文字中有一种让人回味的意蕴，通常一本书就可以打发很多无聊的时间。

豪豪看妈妈捧着书在认真看，他没事做就也捧着书看，然后来问我这里面讲的什么呀？是不是讲这个呀？鉴于豪豪小朋友有这么多杂七杂八的问题，我在给他选书的时候，类型也就放宽了许多。上到天文，下到地理，远到恐龙，近到自家后院种的蔬菜，总之，只要是好书都是可以给他讲一讲的。

关于阅读启蒙，我一向认为只要小朋友有兴趣，就没有不读的道理，不要因为认为他年龄小就放弃一些好书。我们家附近的图书馆，隔三差五就会有二手书的售卖活动，好书一箩筐而且超级便宜，每次我都会带豪豪拎几袋子回来。豪豪的爸爸看到直摇头，说我这哪是买书，简直是搬书。我也不管当时是不是用得上，都一律收集，分类摆放在书架上。

因为我买书买得多了，挑书也挑出了一些经验。例如因为商业化推动，有些书制作实在算不上精良，有可能对孩子造成不良影响，我建议家长一定要注意以下6个方面的问题。

一、注意辨别经典故事的版本

很多童话故事可谓经典，类似《灰姑娘》《白雪公主》之类的。这类童话故事的原版篇幅不少，只有细细品味才能体会其中的深意。但是

在现在的市面上，编译版、精简版有很多，翻开看内容，就发现这些书把很多精华的部分都省略了，再读起来就不是那么一回事了。我觉得这是对作者很大的不尊重，对孩子的学习亦无好处。

二、注意辨别粗制滥造的绘本

也不知道是为了节约成本还是为了更多的利益，有些绘本粗制滥造的现象比较严重。例如我买二手书时，发现很多绘本挺新的，估计孩子看得少或是别人买后觉得不好，就赶紧处理了。我认为肩负孩子启蒙的绘本一定要仔细辨别内容，孩子要通过图画来认知他还没有进入的大世界，那么模糊的图片、印错的文字对孩子自然是百害而无一利的。

三、注意辨别不雅或暴力的内容

重点是漫画类的书，因为这类书会有成年人读者，有时会添加一些暴力的图片。比如有一次我找到一本绘本，打开一看，有不少暴力画面，会给孩子这本书就是讲打架的感觉。彩色图片上有大片血红色，更让人反感，很不适合儿童看。所以选书的时候，不要只看名气，还得深入辨别，警惕一些暴力内容。

四、注意辨别无聊烦闷的书籍

对小孩而言，阅读内容应该有趣，重点是辨别科学、科普认知类的内容。我曾在给豪豪挑科普读物时发现了这个问题。科学书的内容可能要求比较严谨，大一点的孩子因为有一定的知识积累和专注力了，容易接受。但对年龄小的孩子来说，一幅插画加一堆文字，就等于无聊，几乎不会适合初中以下的孩子看，因为孩子识字有限，对文字的理解也是一个问题。

科学书也分有趣和无趣。有些书会利用立体的画面来讲述宇宙的奥秘，这就会引起或满足孩子的好奇心。而我给豪豪选择科学书或者生物书，一般也是有针对性的，或者通过书本让他认识家里种植的植物，或者为去科学博物馆做准备，几乎都是选择内容不那么死板，行文和图画主题有趣的一类。

五、注意辨别没有著作者名字的图书

每一部作品都是作者的心血，除了民间故事不会标注作者的名字外，其他的文字、图画都会标注原作者的名字或出处。我在给豪豪讲故事的时候，都会告诉他这本书是谁写的，插画是谁画的。对那些省略作者名字的图书我都会一律忽略，而且如果你们注意一下就会发现，这样的图书编校往往并不用心。

六、注意辨别按动画片改版的图书

有一次朋友送了我一套与某动画片同名的图书，我看了一遍之后，感慨万分，书倒确实是按照动画片的情节摘录下来了，但是内容根本不适合年龄小的孩子看，因为孩子读这本书的时候，不仅很难学到深层的"好"，而且更容易看到表面的"坏"。

书是人类的好朋友，是孩子们的良师，人的一生会因为所看的书而改变很多。对孩子来说，书仅仅是地位次于亲人和玩具的重要陪伴物，所以，在书籍的选择上，一定要慎重而且把握好原则。

Chapter 5

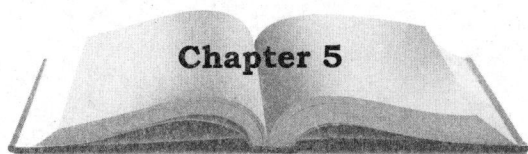

学龄期阅读：
美国小学是怎么教阅读的

01　在美国上小学是一种什么体验

　　豪豪上小学后，对他们学校功课不会很多的情况我有所预料，所以他之前上的一些课外课依旧让他上着，比如棒球。随着孩子年龄的增长，我意识到，德育和美育需要加强，后来就给豪豪增加了一些兴趣课，比如绘画。但是课余最多的时间，我还是留给他与同龄的朋友一起玩闹。

　　孩子学习和娱乐时间的安排，因家长的想法和家庭环境的不同，也会相差很大。我去家附近公园的时候就发现，放学后在那里玩的孩子大部分都是白人或者韩裔，极少看到印度裔孩子，据说对孩子学习最积极的当属印度人，其次是华人，再接下去是日本人。至于韩国人，一个家庭普遍都有2—3个孩子，极少送出去上兴趣班。

　　我认识的一些印度裔家长就比较偏爱让孩子去学奥数、珠心算之类的课程。我见过豪豪的一个同学，那个孩子对100以内的加减法甚为熟练，对数字的反应也异常灵敏，他妈妈告诉我他每日课后都会练习珠心算。在豪豪他们这个亚洲人种比较多的学校里，大部分孩子课余时间上兴趣班所学的内容，还是和家长的心态有着直接的联系。

至于美国孩子在小学里具体学什么？据我了解，也不过是英文和简单的数学罢了，主要还是以学单词和阅读为重，不过教学方法会因为老师的不同而不同。而最特别的是，美国老师会特别强调学习一些自主学习的方法，比如让孩子带上很多问题去很多地方寻找答案。

某日，豪豪问了我一个奇怪的问题，说是老师让他们回家思考的。问题是，世界上的第一个人是怎么来的？我一听就很头疼，往简单里想，这和"鸡生蛋还是蛋生鸡"有异曲同工之妙，而且豪豪说明了这是一个思考题，也就摆明了让孩子回家自己查资料找答案。反正我也没有答案，索性让豪豪拿着iPad到Google（谷歌）上去查。

那段时间，豪豪带回家的这类问题渐渐地变多了，但是他没有一直追着我问，倒是更为热衷于在网上查资料，看不懂的时候就来问我或者他爸，显得极有兴趣。因为忙于这些事，他倒是忽略了老师布置的其他作业。

当时，我也隐隐担心孩子会拿着iPad玩游戏，但又觉得不能不相信他，只好假装镇定——其实也实属一种无奈之举。

豪豪上小学之后，除了他的游泳课停了外，像跆拳道、棒球以及橄榄球我还是一如既往地让他上。美国小学下午2点半就放学了，放学之后他也没有其他的事情做，学校留的家庭作业甚少，老师的要求是孩子每天用10分钟写作业足矣。

我原本每天带着他出去玩，后来看到他的很多要好的朋友都报名参加了这样或者那样的兴趣班，而且都是在学校里，我一想，可以让他在学校里参加兴趣班。一来这样方便，二来他现在参加的运动课程太多了，静态的学习项目太少。于是我尊重他自己的选择，为他报了一个国际象棋班。至于他学得怎么样其实没关系，环境造就人，也许这个国际象棋课程可以让他变得安静一些，善于思考一些。

转眼间上小学的半年就过去了，加州冬天的雨季要来临了，孩子们户外运动的时间开始减少。豪豪的几个好朋友的妈妈告诉我，现在孩子们的科学课很少，我就想着让他接触接触那些有趣的科学课。但是我一想，倒觉得把孩子丢进了太多课外活动中，他这么一盘散沙式地学习，我内心总觉得有些没底。豪豪的爸爸安慰我说，"咱们就一个孩子，就当花钱给孩子买一些快乐，反正都是让他开心的兴趣课"。

豪豪也挺有意思，原本以为他爱动不爱静，结果让他学钢琴，他静得下来；让他学象棋，他也是乐在其中、高兴得很。

豪豪这孩子最大的优点就是不管学什么，只要他有兴趣、想去学，那极少会中途放弃。他对新事物有很强的好奇心，什么东西都想学。可是考虑到小学一年级的时候他的课业不重还可以随意玩，可是三年级以后，功课就不是10分钟可以打发的了，基本上都是集体作业、团队作业，要想取得好的成绩，就得靠努力程度。所以我就告诉豪豪说，找一样自己最喜欢的坚持下去就可以了，其他的终究要放弃。

朋友说，孩子如今学的这些兴趣课从长远思虑都是在为未来铺路。而我尽量选一些豪豪喜欢的东西让他学，使其兴趣更为广泛而已。以后功课多了，课业重了，该放弃的还是要放弃。比如豪豪参加了"童子军"，要进行一系列的户外生存训练。比起那些静坐在教室里安静学习的项目，我个人是偏爱"童子军"这类户外锻炼项目的。可惜那时候赶上了棒球赛季，豪豪的大部分业余时间都是在棒球场度过的。

美国的小学生到底在学什么呢？细细想来，他们大多都还是在玩（当然我这里并不是指学校里学的那些书本知识了）。正应了那句话，美国基础教育就一个字：玩，但是他们的玩有更符合儿童教育心理的特点——学会玩、学中玩和玩中学，孩子可能会抗拒为了学习而学习，但如果是为了好玩，他们很乐意去做。

有时候我很难想象美国老师到底在课堂上教些什么，等真正接触之后才发现，有些老师在教学上的惊人之举确实令人叹服！

豪豪上小学后班级的一位老师，几年来都备受家长好评。记得有段时间，正值小朋友们轮流发烧感冒的时节，豪豪也不例外地发烧咳嗽。根据我数年来治疗感冒咳嗽的经验，我没有带着豪豪去看医生，只是留他在家休息两天。小家伙正好想着逃学，我便满足了他这个心愿。到了发作业的那天，老师发回几张课堂习题，希望豪豪在家补上。作为一个积极配合老师工作的家长，我也就乖乖地让豪豪认真地做完，连同家庭作业一起上交给老师，哪知老师直接给发回来了，上面写着：不用上交，留在家中练习。回头我一想，这就是老师对孩子的信任，本来读书就是孩子自己的事情，老师只负责教，至于你要不要学，是不是努力，那就在于个人了。

幸好我和豪豪都是比较认真、比较听话的好家长、好学生，因此在完成作业上有一定的自觉性。

让孩子在美国读书，父母的责任感和培养孩子读书的自觉性远比成绩重要得多。到目前为止，豪豪还没有经历过考试，也未曾体验过我们小时候经常几天一小考、几月一大考的痛苦经历，最重要的测验也不过是一周一次的单词默写。

豪豪老师的教学方法，对我来说是新奇的。她鼓励学生要把学习和生活联系在一起。豪豪有时候放学回来，总喜欢和我说一些莫名其妙的笑话。在学习英文单词的时候，老师会采用一些朗朗上口的拼写单词的方法，让孩子在记住单词的同时，又感觉是在讲一个笑话。就好比在学习seven（7）和eleven（11）的时候，美国有一家便利店名字叫7-11，seven和eleven的后缀是一样的，老师教孩子们记住便利店的名字，也就是记住了seven和eleven的拼写。

美国的大部分老师给父母的感觉像是一个朋友，对孩子的感觉也是朋友。有一次，我临时要给豪豪送点东西，敲开教室门的时候，正好看到豪豪和老师在聊天，我没有听到他们在聊些什么，但是看到他们在那里交流着，豪豪一直在表达着自己的看法，给我的感觉就好像是老朋友在一起闲聊着什么。那是我仅有的一次在课堂上打扰豪豪，当我把来意给老师讲过之后，老师没有答应我，而是转头先问了豪豪的意见。当豪豪说"ok"的时候，老师才同意。那一刻我的感觉是豪豪受到了尊重，老师并没有因为我是家长而忽略了孩子自己的想法，也没有因为自己是老师就替孩子做了决定。这或许也是孩子们都喜欢她的原因之一吧。

我以为这样的老师就算是很奇特了，但是有一次和另一个孩子的妈妈交流，她的孩子在豪豪的隔壁班，他们班上居然没有凳子，老师拿了一些健身球来代替座椅。老师竟然让孩子们坐在健身球上面上课、写课堂作业？孩子们坐一天的健身球，应该也会很累吧？

我很好奇地问了朋友的孩子，坐在健身球上面上课会累吗？他没有什么表情地耸耸肩，说没感觉。朋友告诉我，坐在健身球上面写字还是有不少好处的，诸如孩子会端正坐姿，因为要坐稳健身球，孩子就得坐得端正；在初期的好玩心理过了之后，更容易培养专注力。

豪豪并没有坐在健身球上上过课，但我想那个老师一直采用这个方法教学，肯定有她的道理，至少她用这种方式教了这么多年，并未受到任何投诉，反而好评如潮。看来孩子刚开始学习的时候，用健身球代替凳子或许真的有一定的好处，至少让孩子们感到与众不同，据说这种方法已经在一些现代化学校推广开了，他们的尝试基于一定身体活动之上让学习状态更好的理论。

自然没有十全十美的老师，各个老师不同的教学方法都来自他们自己的教学经验和个人经历。美国老师的某些教学做法或许让我们很吃惊，但如果这种做法对孩子的学习是有积极推动作用的，那就是好方法。

02　小学前三年，重点在培养阅读习惯

　　豪豪学前班结束的最后一天，是孩子们一起玩耍和道别的日子。再过2个多月，他就是一名正式的小学生了。豪豪很自豪，对我们说："我马上就是小学生了，你们不能再把我当孩子了。"

　　那天放学，家长们提前去接孩子，都想跟老师表示感谢。我接了豪豪正准备转身离开之时，老师突然拍了拍我的肩膀，然后对我说操场上有一些学校图书馆的书赠送，学前班的家长可以免费领，让我去看看。我走到操场上，看到一个手推车，上面排列着几排图书，已经有几个家长在那里选书。我让豪豪去和同学再玩一会儿，然后也站在那里翻书、选书。围过来选书的家长越来越多，看来孩子们的暑假又会是一个阅读的假期。

　　回到家，豪豪小朋友拿出学前班老师让带回来给家长的一堆学习指导，其中有一项内容重点强调让小朋友在暑假期间要坚持阅读，为迎接小学生活做准备。

　　美国的基础教育，从幼儿园开始最关注两点，一是思维方式，二

是阅读。

回想豪豪上学前班以来，不仅是他们班的阅读活动多，连Pizza Hut（必胜客）这样的餐厅也发起了针对学龄期孩子读满15本书就可以免费换pizza（比萨）一份的活动，这是他们每个月都举办的固定活动，而且规定只能孩子自己去换领。也不知道是pizza的魅力大，还是豪豪自己的独立阅读兴趣和能力有所提升，那段时间他每天临睡前都自觉地去看书，阅读量很大。

第二天早上，他把前一天读过的书放在一边，在阅读表格上填写书名。往往计划一个月阅读15本书，他一个星期就读完了。我开玩笑逗他说："阅读表格已经填满了，你的任务已经完成了，你还要继续读吗？"他回答我说："Why not！（为什么不呢！）"

几个月后，豪豪上的小学又开展了新的阅读项目——读书满60个小时就可以换取暑假游乐园门票一张。适合这个年龄阶段的孩子的书，一本的正常阅读时间在10分钟左右，但是如果孩子自己阅读并编写一些小故事，那么让他停留在书本上的时间差不多是20分钟。我记得大约是那段时间开始，豪豪有了边读书边写故事的习惯，每天在笔记本上写几句话。

豪豪他们的小学还有自营的面向孩子的小书店，不是每天都开，一个星期开一次，同样的书售价比外面书店便宜不少。孩子们都很爱逛自己学校的书店，每次我带豪豪去都能看见书架旁坐满了孩子，他们在挑选自己喜欢的书。一般我也答应豪豪每星期可以买上一到两本，由于书是他自己挑选的，所以回到家他会在这个星期花更多的时间读，把每一页都读透。

豪豪他们的学校还有一个图书馆，学校给每个小朋友发一个借书袋，老师会在每个星期固定的一天带孩子们去借书、还书。有些书，老师会特别推荐孩子读，在阅读课上也会讲这些书需要怎样去读。每次阅读课之后，豪豪回到家都会很兴奋地告诉我，他想读这本书给我听。因为老师讲过该怎么阅读这本书了，所以他就很认真地给我讲那本书。

对孩子来说，学校推动什么主题活动或者老师说的什么话，往往比我们做家长的更有号召力。学前班结束后的那个暑假，我问豪豪为什么放假了还是喜欢读书，他说是老师让他们要每天坚持看一本书的。

豪豪升级做小学生后，老师换了，不过老师的教学重点依然首先放在阅读上，每次的家庭作业中至少有一项是要求写一个小故事的，我以前总想这难道是要把孩子培养成小作家吗？后来我发现原来老师布置的作业大多数目的是要求孩子去查阅大量资料。

有一次，老师发给孩子一些种子，让他们自己在家种植，同时要观察种子的成长过程并写下自己的观察感受，同时为了让孩子更加明白植物的成长过程，老师建议家长借一些关于这方面的书籍给孩子读。仅仅是一个观察项目，豪豪当时就自己去图书馆查阅了好几本关于植物的图书，然后和我讨论种子是如何变成果实的。

我曾经看过一位博友的文章，说孩子在美国读书，家长要负责很多事情，因为很多时候老师会布置一个项目让孩子回家做，然后让孩子告诉家长他们需要做什么，剩下的就是家长的责任了。

这话确实没有错，豪豪上小学后，我也感受到做家长的压力了，可是我陪着孩子一起研究、一起阅读、一起讨论，听着孩子在耳旁述说着他的想法和意见，这样的亲子时光是美妙而有意义的。

增加阅读量能让孩子对各方面的知识都有一个大体的认知，美国小学前三年基本上就是培养孩子的阅读能力，如果他们没有一定的阅读量，在学习和功课上都会倍感压力。

让孩子爱上阅读本身就是在培养一种兴趣、一种习惯，让孩子发现从阅读中可以寻找到很多我们需要的知识是一种乐趣。美国学校耗费很多精力把教学的重点放在阅读上，不仅仅是为了培养孩子独立思考的能力，还为培养孩子的好学精神打下坚实的基础。

我个人是很喜欢这种教学方式的，虽然大部分时候都是家长在给孩子阅读，甚至有人说阅读得再好也不如成绩考得好管用，但是我只想说，阅读在短期内可能看不到效果，但是从长远角度来看，阅读对孩子来说不仅仅是一个学习习惯，在他们以后的生活中也是陪伴他们成长的良师益友。

03　阅读重细节，从封面开始读

习惯了给豪豪读书就如同上瘾一般，临睡前我都要抓起几本书给他读读才能安心睡觉。每天临睡前，豪豪习惯性地挑选好想读的书，他自己看或等着我或他爸爸来给他读。

我以前学幼教理论的时候，教授就告诉过我们，给孩子讲故事要一个字一个字地用手指着念给他听，最重要的是要把作者、图画的作者（如果是国外翻译过来的书，还有翻译者）的名字都一一认真地念给孩子听；同时也要重复给孩子读书的各个构件上的内容，比如说封面、封底上的文字等。

但是我实在是有些懒，在坚持了一段时间后，就开始怀疑注意这些细节真的有必要吗？孩子又不能记住这些人名，而且我希望绘本故事可以帮助孩子理解一些生活上的问题，那么给孩子读这些作者的名字和了解书的构件又有什么帮助呢？我想不通，渐渐地在给孩子读书的时候就省略了这些阅读的细节。

豪豪在2014年9月正式开始上小学。有一天，我和豪豪的爸爸照例给他讲故事，刚拿到他选好的书，我只念了一个书名，他马上就问我这书的作者是谁呢？我愣了一下，指着作者的名字给他念了一遍。然后，他又指着后面的一排字问："这是绘图的作者吗？"这下我忍不住了，开口问他老师给他们讲故事时都要讲每个作者的名字吗？他很肯定地说"对呀"。这时我想起了当年教授曾经对将来要从事幼教或早教工作的我们的教导。书在每个人的生活中有不可或缺的作用，是人最好的心灵伴侣，可以帮助孩子更好地理解生活，引导他有一个正确的价值观。

每一本书都有作者，每一本书的插画都有绘图者，一本书就是他们智慧的结晶。书不是凭空掉下来的，它是人类智慧的结晶，每本书的形成都包含了作者和其他工作人员的无数努力和心血。难道他们的努力不值得我们尊重吗？如果没有这些人的创作，那么那些让人开心、令人深思的故事从哪里来呢？

所以，老师给孩子阅读的时候，都是从封面开始，让孩子看书名、看封面，先对书的内容进行猜测。老师的目的并不是为了让孩子猜得多准，而是让他全身心地投入阅读的过程中，同时也让教学更具有互动性。

孩子从封面和书名中获得的信息，再加上老师对作者和主题的背景解释，是让孩子迈出深入理解整本书内容的第一步。

老师会告诉他们作者是谁，让他们知道这个故事是某一个人的心血。心的跳动是生命的生理特征，思考的活跃是生命的精神力量。人活一世，我们不仅要呼吸，还要用知识充实我们的大脑，丰富我们的精神世界。所以，这些知识的创造者尤其值得我们尊重。

老师还会告诉孩子，一本书的每一页都凝结着很多人的心血，编辑、印刷人员、装订工人等都付出了辛勤的脑力劳动和体力劳动。每一本绘本都不仅仅是书而已，还是无数人辛勤努力的结晶。

美国老师带孩子阅读，从这些细节入手，一方面是对创作者的尊重，另一方面也培养孩子抓取信息的能力和观察细节的能力。

04 学写作怎么用好阅读这门工具

豪豪上了二年级之后，最多的作业就是每一天的阅读和写作，主要是写读后感，写故事的重点，等等。这让我感觉美国的二年级小学生，似乎除了阅读和学一点简单的数学，基本就没有别的学习任务。

豪豪到这个年龄已经能自主阅读了，即便碰到有些复杂的单词他不认识，也可以用拼读的方法结合上下文大致猜得出单词的意思。他阅读的作业也基本上是自己独立完成的。

这个学年老师布置的阅读作业，通常就是要求读某本书，然后将故事的重点写下来。

然而我发现大多数时候豪豪会写成长篇大论，而且似乎和故事的重点没有什么紧密关联。于是我问他："这个故事到底在说什么呢？你写的故事梗概我怎么读不明白？"他又给我仔仔细细地讲一遍，几乎是把整个小故事都背下来了。有时候，他又将故事精简得只剩下几个字，但凡可以少用一个字，他都会省略那一个字，最后，他的故事梗概看起来更像标题。

　　看来，他对怎么写故事重点还不得要领，我便告诉他一个总结故事概要的小方法，也可以说是偷懒的方法。

　　故事的标题一定会切合主题，所以题目的那一句话是引用来概括故事重点的一个选择；仔细地阅读故事的开始和结尾，因为大部分故事都会在文章的开头和结尾写上总结性的话，找到它们是第二个选择；第三，给这个年龄段孩子的书，故事主题性比较强，一些反复出现的单词其实就是话题主线，只要把这些单词归类也可以总结出文章的大意来。

　　豪豪本身比较喜欢偷懒（我发现大部分这个年龄的男孩多少都有点小性子，倒也没有什么不好），因为用这种方法去偷懒了，他反而学会把故事书简简单单地用几句话就总结清楚。

　　然而如果孩子太会偷懒的话，写下的故事梗概可能就只剩下主谓宾了。所以我后来只好再改革自己的教法。

　　这时陪读成了必不可少的一个步骤。豪豪自己念书，我坐在一旁认真地听他读，然后把一些重点记录下来。等他读完了，我先让他用自己的话总结一下刚才那本书讲了什么，当他说到重点的时候，我会马上告诉他，说得很对。当他讲完了，我就把我写下的重点用提问的方式对他提出，尝试用问题引导，让他在自己回答的过程中，思考总结出故事的梗概。

　　这个方法比较有效，在几次提问过后，豪豪就基本能抓到故事的重点，可以用比较完整的话总结出来，并且一般可以自己写出1—2句比较好的总结性的句子。

7岁孩子的学习能力还是惊人的，当然前提是他在认真学。陪读加提问的阅读法基本上只用了几次，他就可以自己提炼问题、总结故事重点，也学会了用比较多的单词写下完整的总结语。

美国小学老师每天都会对孩子的阅读提出不同的要求，比如要求他们把总结的重点具体归纳成几个点，或者分别总结故事的开头、中间或结尾部分的内容，而且硬性要求：一定不可以用书中的原话，要用读后感的方式来完成这些作业。

我发现这些要求对提升孩子的阅读理解能力有很大的帮助。通过写读后感，然后用自己的话去总结故事，往往可以让孩子更好地领悟这个故事的结构和背后的道理。这其实也是给他们的写作启蒙，同时对孩子单词拼写能力的培养也有很大的帮助。

05　关于学习和阅读，老师有三个要求

我所居住的小区附近的学校，因为亚裔比较多，学生的成绩在加州也排得上名次，所以很多家长都会在课外时间给孩子开小灶，尤其是印度裔的家长。

豪豪所在学校的印度裔孩子占了全校人数的70%，我在参加豪豪班级举办的家长会的时候，一眼看过去，前后左右都是印度裔家长。这不由地令我有些担心。我个人对孩子的学习成绩并无太高期望，最希望他能快乐地成长，只要他可以做他自己喜欢的事情就可以。但是看到印度裔家长对孩子学习的积极性，我有点心慌，也变得不那么淡定并开始忧虑起来。这不由地让我想起了我的小学时光，在我的印象中，我们是一直在被要求考出好成绩的环境下长大的。

当初豪豪被分到这个班的时候，有朋友偷偷地告诉我说，这个班级的老师很严格。我原本想着这算是好事，虽然朋友说太严格了反而不好，但我心想比起我们的小学生活美国的老师再严厉应该也只是小case（事情）。

当我真正开始接触这个老师之后，发现她确实没有传说中那么严格，只是她的规矩比较多而已，为人还是很nice（友好）的。比如说，她规定家长即便有小事情要和老师交流，都需要先预约或者通过E-mail（电子邮件）交流；再比如说，她会要求孩子的课堂作业尽量在课堂上完成；在一个星期的期限内要是孩子在写作业方面出现拖延情况，她就会通知家长来交流孩子的问题。

其实这位老师自己定的规矩，能够最大限度地减少家长的工作量，我个人是举双手赞成的。不是我不愿意为孩子的教育多付出，而是因为豪豪是一个更听老师话的小孩，当我来教他知识的时候，他可能相对会情绪低落或脾气暴躁一些。因此，为了让他和我都能美好地度过每一天，学习上凡是能依赖老师的地方，我都尽量依赖了。

这位老师制定了很多规矩，但是说到底这些规矩无非是为了让孩子变得更加独立、更加优秀。在这些规矩中，令我感触颇深的是她对孩子提出的三大要求。

一、孩子独立处理自己的事情

刚开学的时候，她曾经问孩子们家长是否为他们准备了snack（点心），大多数孩子都回答"不知道"，这让她很惊讶。我倒是可以理解，毕竟亚裔父母大多喜欢帮孩子打理各种各样的事务，孩子不知道自己的书包里是否带了点心也是正常的。所以，老师就开始要求孩子独立准备自己的点心，自己背书包到学校，把书包挂在班级的书包架上，把贴有名字的午餐盒放到统一的大箱子中。

她还给所有家长发邮件，说这些事让孩子自己独立做，请家长不要代劳、不要帮忙。她再三强调，让孩子学会独立处理自己的事情也是他们学习的一部分。

二、孩子每天至少要独立阅读10分钟

在豪豪所在的班级里，有独立的阅读角，老师准备了一些书，每一个孩子都可以借阅。在课堂上，她规定了孩子至少要独立阅读5—6分钟。至于书本的难易程度，她认为只要孩子可以安静地坐下来读，就算达到目的了。

她也发邮件给家长，强烈要求孩子回家后留出一段独立的阅读时间，家长不要给孩子读书、讲故事，而是要让孩子自己选择书本，自己独立阅读至少10分钟。她再次强调的是，孩子自己独立阅读和家长给孩子讲故事是两回事，要分开操作。

三、孩子要找阅读伙伴共同学习

在学校老师通常把4个孩子分成一个学习小组，然后让每个孩子都担任一个不同的小组职务。也就是说每一个孩子既是组员，同时又肩负着这个小组的不同职责。比如说一个是组长，一个是助理，一个管理小组纪律，还有一个管理小组的集体项目。老师要求学生积极主动地参与小组的管理中，不管是做计划、做项目还是阅读，每个成员都要跟小伙

伴一起协作完成，互相讨论。

俗话说"不以规矩，不能成方圆"，豪豪的老师对一年级小学生的这三大要求，从三个不同的方面培养了孩子不同的能力，让孩子从小开始锻炼自己的独立能力，培养自己的阅读习惯及团队协作能力，让孩子在规矩的约束中养成良好的习惯，为将来的学习生活打下良好的基础！

06　图书馆的免费课，让孩子更爱阅读

　　我们生活的硅谷地区，图书馆是不可多得的好地方，我们家附近的公园旁就坐落着一座图书馆，风景很优美。我简直对它爱得不可自拔，每周带豪豪到图书馆上课的时候，我就喜欢坐在这里，挑一本书安静地看。这里有着大量的书籍和音像制品。书籍中还有很多外语图书，当然相对于英文书籍来说并不是很多，所以这里的中文书我基本上已经借阅过了，但好在我还可以去邻近城市的图书馆借。

　　豪豪的阅读量比较大，基本上每个星期我都要和他来这里借20—30本绘本，费用只需要用1美元办一张借书证，算是政府的一项福利。当然逾期不还的话，还是会罚款的，一本书一天罚款0.25美元。

　　图书馆有专门的阅览室，有儿童学习所需的电脑，孩子可以玩和学一些趣味游戏。豪豪每次到图书馆都要去玩一会儿。我不喜欢他在家玩电子产品，但是图书馆的电脑我允许他每次玩上半小时到一小时。

　　让我最爱的还是图书馆定期推出的各种各样的免费课程，大部分课程是针对儿童而开设的。

豪豪很小的时候，我就会找各种语言的story time（故事时间），不管是西班牙文、中文、日文还是韩文，只要他们有课程，我都会带着豪豪去听课，不在乎是否能听懂。story time针对0—5岁的小朋友，家长们陪着坐在地毯上，认真地听讲，也会很努力地配合做舞蹈动作。这里的story time的主讲人基本上是喜欢讲故事的志愿者为了推广自己国家的语言而义务为小朋友们讲。豪豪大一点后，他会自己选择只听中文和英文的story time。

在鼓励儿童阅读方面，图书馆确实花费了很多的心思，为了让家长和孩子经常来图书馆，他们邀请了许多各行业的志愿者为孩子们读书，也开了一些免费的课程，包含音乐、绘画、说唱、手工等有趣的项目，甚至有魔术课。魔术课上志愿者会把很简单的魔术教给小朋友，课程结束的时候，一人还发一本关于魔术的小书，用图解的方式教孩子们怎么玩魔术。参加这个课程后豪豪回家给我们表演了好多次。曾经有一堂课特别有意思，老师请台下的小朋友一起表演幽默的故事，整个故事是一个游戏，但是他会借用一些道具请小朋友一起把它变为舞台剧，以幽默的手法夹杂一点魔术呈现出来，让小朋友笑成一团。

绘画课每个星期都有，每一次的绘画主题和材料都不同，很有意思。豪豪很喜欢这个老师，之前我还特意问她要了她的上课时间表，追着这位老师跑了好几家图书馆。通常绘画课上，老师会让孩子们把各种大自然的材料运用到绘画中，然后创造出自己的画作。有时候，老师也会用一些图形来教小朋友画出美丽的画。以前，豪豪是最不喜欢画画的，但我一直坚持带他参加这些免费的绘画课程，次数多了，他也摸着门径了。现在他在家的时候也有兴趣自己摆弄画笔，虽然画画水平和专业学画的孩子有一定的差距，但是老师说豪豪的画总是有很多创意。

这样也很好，我认为只要孩子愿意画，不排斥画画，我就已经很高兴了，我的目的也达到了，画得如何倒不重要了。

每个月第一天，图书馆的公告栏就张贴了本月的课程安排，课程表上注明上课的时间以及适合的年龄范围，然后我们可以选择适合孩子的课程来参加。当然图书馆的要求没有这么严格，比如说年龄差一点，他们会在还有空位置的前提下，允许孩子听课。

很多这类课程，都是由大学生甚至优秀高中生志愿者来给小朋友上的。针对英文不够好的人，他们也有免费的ESL（English as a Second Language的缩写，以英语为第二语言）课，成人和孩子都可以上，这对刚移民、担心英文不好的家庭来说，是很实用的。

暑假的时候，图书馆就更加忙碌了，他们开设了更多的活动和免费的课程。为了鼓励孩子多读书，他们让高年级的小朋友在图书馆做义工，参与读书有奖的活动。

总之，图书馆不仅鼓励孩子在这里爱上阅读，还让他们拓展兴趣、开发思维，是一个孩子值得去的好地方！我知道国内的图书馆也有很多类似的活动课程，家长朋友们可以多带孩子去参与。

07　关于阅读作业辅导的一个案例分析

　　面对学龄期孩子，可能辅导他们的作业是令许多家长头疼的问题，之所以头疼是因为很多父母觉得自己家的小孩理解能力太差，文字他都认识，怎么读不懂题？讲解得很清楚，他怎么听不懂？

　　其实当孩子五六岁的时候，他就开始形成自己的思维判断能力了。而在辅导孩子作业时，我们说孩子理解能力差，很大一部分原因指向的是孩子的阅读理解能力。比如他看了很多书，还是不知道故事在讲什么；他明明理解了故事，可是就是不敢开口总结；他讲故事只记住了细节，没有搞清楚系统的故事梗概。

　　我曾经辅导豪豪的一道作业题，老师的要求是，选一本书，讲出你喜欢的一个情节，然后说出原因。我看了一下豪豪的答案，发现无法理解他的意思，就让他给我解释一下他的答案。他说了半天把自己兜进去了，却还是解释不清楚。

　　我让他把那本书拿过来，然后说："我们带着问题一起再读一遍这本书。"

我们并排坐到地毯上，开始读书。这本书书名叫*Basketball Buddies*（《篮球伙伴》），我装作不懂的样子，问他什么叫buddies？豪豪最喜欢的事情就是帮我解答球类或运动领域的"困惑"，于是就开始讲概念、举例子，滔滔不绝地给我解释。

然后我问："哦，那这本书是讲一个打篮球的小孩和他的小伙伴的故事吗？"从豪豪的作业的答案看，我怀疑他看这本书的时候并不用心，所以我想用猜测故事内容的方式挑起他好奇心。

翻开第一页，我就发现了一个问题，主角Tony（托尼）有一个nickname（绰号），但是豪豪并没有注意到，所以我故意问他："你知道Tony的nickname是什么吗？"他振振有词地回答我说："书里没有说呀。"

实际上，故事书的第一页确实有一个让人疑惑的地方，它讲了一个打篮球的小孩因为自己个子太高而造成的一些困惑——Tony在打篮球的时候因为个子高，而把球打到了球板的后面，这时候有人在篮球场上开始大叫"too tall Tony"。我开始也理解成了这句话是说这个球是因为Tony太高而打高了，后来重新看了一遍之后才发现"too tall Tony"其实就是Tony的nickname。豪豪没注意到这个前后关联的细节，从而产生了困惑。

我读明白之后，并没有说破，而是说："那我们接下来再看看Tony的nickname到底是什么？"这时候，豪豪的兴趣来了，他开始自己拿起书读了起来。

故事的第一个情节讲的是Tony因为自己打球的频繁失误，被教练罚下场看球，最后球队胜利了，但是Tony认为那份胜利没有自己的功劳。

读到这里，我问豪豪："为什么Tony对自己失望呢？"豪豪说："因为他太高了，造成了好几次失误，而他被罚下场之后，他们球队就打赢了，所以Tony觉得是自己的高个子阻碍了球队取得胜利。"

"真的是因为他个子高而造成的这些失误吗？"我继续问豪豪。豪豪点点头。我却说："我不这么认为，我觉得是另外的原因造成了Tony的失误，你觉得呢？"豪豪很疑惑地看着我，很不认同地继续读下面的故事。

第二个情节说的是，Tony因为不喜欢自己的nickname而很困惑的时候，他的小伙伴们为了帮助他而齐心协力地陪他一起训练。

这个情节颇让人感动，也正契合了书名，这个情节也讲到了Tony输球的三个原因。我问豪豪："教练给了Tony三个指示，是哪三个呢？"正好读完这段话的豪豪很快就回答出来了："第一，不要管外面的声音，不要管别人叫你的nickname；第二，专注在篮球上，眼睛要盯着球；第三，注意不要打到球场上的任何人。"

"那么，Tony之前输球的原因是什么呢？"我反问豪豪。豪豪这时候恍然大悟："是因为他被别人叫nickname而转移了注意力。"我接着说："你说得很对，所以这和Tony的个子高有关系吗？"豪豪坚定地摇摇头。

　　豪豪也是一个篮球的狂热爱好者，我就借机问他："现在你说说，你在打篮球的时候，最需要注意的是什么呢？"这时候他已经胸有成竹地又重复了一遍那三个要点。因为多说了一遍，所以也加深了他对这三个要点的记忆，这对他以后打篮球有着极好的教育作用，也是本书的魅力所在。

　　第三个情节讲述了小伙伴们积极地帮助Tony克服心理障碍，并且在最后的一场比赛中让Tony获得了他人生中的第一个进步奖。

　　这个奖杯对Tony来说有着很大的意义，他知道了他的高个子是把篮球打得更好的一个优势，他开始喜欢自己个子高这个特点。他再也不会介意别人叫他的nickname了，反而他开始为自己的nickname而骄傲。

　　当我们合上书本时，我再问豪豪："这个故事总共说了几个情节呀？"豪豪回忆了一下故事内容，然后一点一点地告诉我几个故事情节，大致上都简要地叙述到了。我这才提起作业的题目问："那你最喜欢的是哪个部分呢？"他回答我说："我最喜欢Tony拿到奖杯的那个部分。"

　　"为什么呢？"

　　"因为这是Tony的第一个奖杯，因为他打篮球进步得很快。"

　　故事是一个儿童版的励志故事，我没有去纠正豪豪的答案，因为这就是他心里对这个故事最真实的理解和想法。他还没有办法同我们成人一样思考，理解这个故事更深层的含义。

关于孩子的作业辅导，我们应着眼于孩子这个年龄段的特点，给予他们更多思维方式上的引导，让孩子在阅读过程中逐步学会分析、理解并且记忆一些重点，这是陪伴他们阅读的意义所在。

中文阅读也同样如此，孩子遇到一些不认识的字词时，家长可以采取提问的方法，让孩子根据故事的情景逐步理解其意义。我在教豪豪学习中文的时候，也会经常遇到豪豪总是记不住的字。针对这些孩子不认识的字，我都会先记下来，然后找到合适的绘本、寓言故事，通过故事情景去教他理解这些字。

这种有目的性的提问式阅读法，不仅可以帮助我们有效解决孩子阅读作业中的困扰，而且还可以提升他对阅读的兴趣，当然也能很有效地提升孩子做阅读类作业的兴趣。

小贴士：孩子学龄期教育的第一要点是学会听

到了学龄期，孩子将第一次面临社会角色的重大转变。为了帮助他适应新的身份和新的生活，我们应该为他树立怎样的培养目标？

在这个问题上，可能有家长会说尊重孩子的天性、顺其自然，而多数家长会提出比较具体的培养目标，比如专注力等。我则认为重要的只有三点，就是希望豪豪可以成为一名会读书、会思考、会交友的学生。

其实家有学龄期孩子，家长关注的重点不应该是他在此前已经会认多少字、多少单词，甚至也不是他对学习、对阅读的热爱程度，因为上学之后，每个孩子都会学那些基础知识，他对学习和书籍的喜爱也会慢慢培养起来。孩子的阅读和学习能力往往跟年龄成正比，我们并不需太焦虑，更不应该拿他和别的孩子比。

在这个阶段，我们可以帮他做好准备的是通过早期阅读，让孩子学会倾听的技巧。倾听，不仅仅是听，而是在听的过程中，理解、思考对方所说的话。很多人可能一辈子都不懂得该怎样去倾听别人所说的话。

会听其实是一种学习技巧。记得小时候老师经常说有些同学是"左耳进、右耳出"，其实是说有些孩子没有用心听，更谈不上听进去（理解），而另一部分懂得倾听的孩子，老师讲一次之后他就立刻消化吸收了，根本不用课后再费劲去补习或复习。

也许有些家长会将这种差别归因于专注力的高低，其实不然，孩子缺乏用心听讲的习惯固然和专注力有相关，但绝不仅仅是专注力。例如我们不难发现生活中孩子遇到他感兴趣的话题或者喜欢的玩具时，他的专注力总是很高，但是他一旦遇到自己不感兴趣或者不喜欢的事物时，就会丧失专注力。显然我们不能由此断定某个孩子专注力差。

回到教孩子"听"的技巧这个问题上。首先家长应亲身示范，先学会听孩子说。

爱一个人，往往愿意为他而改变，子女对父母的爱大抵也是这样。孩子和父母之间的爱是世界上最强烈的感情，也往往是促使孩子改变的最大动力。

我们以身作则的榜样力量可以潜移默化地影响孩子。比如孩子的一些想法，即使幼稚而不成熟，我们在孩子面前也要保持认真地听的态度，听完了还要有和他进行进一步讨论的习惯。当孩子感受到你在用心倾听时，他会跟随着我们的脚步，去学会我们这种"听"的态度与习惯。

其次，家长应有意识地帮助孩子解析句子的重要部分。

学龄前孩子大都喜欢反复看或听同样内容的故事，在亲子阅读中我们需要重复的时候，可以故意在关键内容处停顿一下，让孩子来补充或扮演里面的角色，从而完成对话。这样，孩子不只是简单地在听，他也在主动参与，像玩游戏一样。孩子的兴致高了，注意力也就更集中，听得开心，想得也更积极。

当我们阅读完和孩子总结书中的道理时，如果我们发表长篇大论或者一再重复，就可能造成孩子的反抗情绪，他会自动关闭"听"的功能，以示反抗。很多时候，我们与孩子谈心，孩子似懂非懂的态度就证明他没有认真听你说，而是开始走神了。

这时，我们应该快速地提炼出我们所要表达的意思，精简成一段他能听进去的话。比如，阅读的时候遇到一些复杂的语句，我们可以把故事或者句子的重点提炼出来，以引起孩子的注意，并教会孩子怎么去分析。

这种提炼分析法，对将来孩子上学之后能更快速地应对课本上的课后习题有着莫大的帮助。而且这样阅读或对话，对孩子来讲也不是那么枯燥。即使有一天，孩子遇到一个喋喋不休的老师，他也可以很快地找到老师所讲的重点，不至于因为老师讲得无趣，而丧失对这门课的兴趣。

最后，家长要让孩子带着问题去阅读，并教孩子学会提问。

我们应帮助孩子在阅读的过程中跟上我们的节奏，且真正教他"学会听"，这一方面需要我们在阅读过程中有意识地提问，引导孩子思考，另一方面要允许并鼓励孩子发问，能提出疑问来才说明他真的听进去了，并且自己也在思考。

从简单的问题开始，在阅读前、阅读中、阅读后的各种环节上循序渐进地提问，逐步深挖，并以孩子的兴趣为主导，从他的视角出发，观察他在听的过程中表现出来的一些行为举止，并适时提问。比如：刚才你笑得那么开心，是什么情节让你那么高兴？这个故事爸爸妈妈觉得特别有意思，你能把故事讲给我们听听吗？你认为你像故事里的哪个主角？妈妈像哪个？爸爸像哪个？

学龄前的这几年是孩子至关重要的几年，我们应该多花一些心思去陪伴孩子，去思考孩子出现的问题，帮助孩子准备好迎接新的挑战，帮助他在学龄期更好、更健康地走上新的人生旅程。

Chapter 6

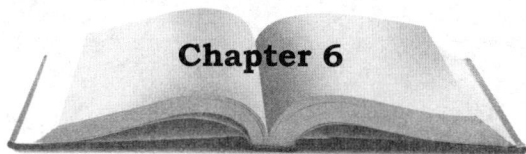

游戏化阅读：
兴趣是孩子最好的动力

01　阅读，让孩子自己做主

有些事一定要在孩子的童年做，比如阅读。

我喜欢看书，更喜欢去图书馆、书店找一些古旧的老版小说读。这就和我童年的时候，几乎整个暑假都在外公家饱读藏书的快乐时光相关。现在的孩子要幸福得多，和中国一样，美国大部分有利于孩子学习的公共设施都开始免费开放了，例如科技馆、博物馆、图书馆等，这些是最适合陶冶孩子情操、让他们体验知识乐趣的好地方。

在流连于书店和图书馆时，我遇见过很多父母，他们在阅读这件事上走入了误区：父母都有一个想培养孩子良好阅读习惯的心愿，却忽略了孩子的心理需求。

例如选书的时候他们无视孩子的存在，只顾着自己给孩子挑选；孩子在一旁玩耍，既不参与购书，看上去对父母选的书也兴趣不大。然后父母热情满满地捧着一大摞书转身对孩子说："你看，妈妈给你买了这么多书，你回家一定要好好读。"

当家长将读书看成是孩子自己的事和任务时，孩子的内心肯定是抗拒的。

其实这样的父母，并不知道自己和孩子谁才是阅读者。你一定会说，当然是孩子，买的都是孩子要阅读的书。那么，为何孩子阅读的书本不是孩子自己去挑选的，而是我们代劳的呢？如果孩子还小，我们自然是需要帮他挑选阅读的书籍的，但是我们所挑选的书籍也需要得到孩子的认同，并且把每一本书大致是什么主题、讲什么内容解释给孩子听，这样的事前沟通才会让后续的亲子阅读达到事半功倍的效果。

阅读习惯和其他习惯的培养一样，需要适当的引导，更需要孩子的长期坚持。那么兴趣显然是第一要点，我们首先必须注意不能破坏它。感兴趣的事情，孩子会有热情自己去做，阅读也是一样，否则就会变成孩子的负担。家长帮孩子选书，然后强制他去阅读，这种行为可能得不偿失。典型的例子就是父母会说："我自己很爱看书，怎么我的孩子只爱玩，就是不爱看书呢？"

其实我曾经也有过这样的困惑，豪豪爱运动爱得义无反顾，爱游戏爱得如痴如醉。我就会问自己，为什么爱看书的我这么言传身教，却没能让豪豪变得和我一样到哪里都喜欢带本书，找各种机会读几页呢？他是到哪里都摆出要打篮球或打棒球的姿势。

培养阅读兴趣的第一点就是发掘孩子的兴趣点，让他读自己喜欢的内容。

自从豪豪上学后，我感到轻松了很多，因为学校有了阅读课，他也会去学校的图书馆选择自己爱看的书本借阅。加上他已经有了一定的阅读能力，所以他自己可以独立阅读，由我来帮他的事已经越来越少了，只剩下讲中文故事。没有了我的帮忙，他的阅读能力一样得到了提升。有时候静下来，他会自己坐在沙发上翻看书本；有时候他也会因为玩游戏有不懂的问题，就自己翻看游戏攻略类书籍寻找答案。他的这些变化都让我看到了他在阅读上的成长。

　　阅读的价值并不只是在于他看了什么书，还在于他从中获得了一种利用书本寻找答案的途径和习惯，获得了一种在阅读中享受生活的乐趣。

　　阅读可以让孩子自己做主，自己选择书本，他感受了阅读的乐趣，体会了书本的强大魅力，如此他的"阅读"才能叫实实在在的"读"。

02　为孩子找阅读小伙伴

　　我觉得阅读是孩子交小伙伴的好方式，反过来说为孩子找阅读小伙伴也能激发他的阅读兴趣。

　　记得有一个假期，我请豪豪的同班同学来我们家玩了几天，他们在一起除了画画、玩游戏，还会一起讲故事。我挑了一本无字书，让他们看图各自创造一个不同的故事。就这么一个主题，小伙伴们可以叽叽喳喳地讨论半天，每个人的构思都不同，倒是极有意思。

　　好伙伴们一起玩，阅读是很重要也是很有趣的一个环节。6岁大的孩子，虽然认字不多，但是无字书可以帮助他们发挥想象力。通过图片猜测文中的单词，既能让他们的生活增添一点乐趣，又能帮助他们获得学习能力。

　　因为我那时比较忙，所以几天时间里极少陪着他们，基本上也就是发一个指令，或者给他们选一本书，让他们自己围着书玩。

　　有一次，我拿了一本中文书给他们。在豪豪众多小伙伴中最要好的朋友菲力的父母也来自中国，其他几个小朋友都不懂中文。豪豪的中文认字能力比菲力要差一点，可是他自己并不知道。当他拿着这本我新借回的中文书有点洋洋得意地吆喝着小伙伴一起来看的时候，菲力一把抢了过去，把书的标题用很标准的中文念出来了。豪豪顿时傻傻地看着他，有些不服气地用中文问我："菲力读得对吗？"我说："对呀。"他立刻也大声地念出那本书的题目，然后对菲力说："让我先讲。"其他几个小朋友一起起哄说："只能说英文。"这下菲力和豪豪相视一笑，两个人就高兴地坐在了一起。

这本中文书，其实翻译自美国作家玛格丽特的作品，讲的是一个逃家小兔的故事，不知道为什么没有出版中英对照版本。书里面有很多黑白的画面，当中有几页不带文字的彩色插画。所以我很清楚，豪豪能看懂10个字就算不错了，或许菲力会认识得比较多一些，因为他上过中文班。

结果豪豪喜欢抢着先给小伙伴们讲故事，当他坐在地毯上，小伙伴们围着他，我可以看到他脸上有一种自豪的光芒，这股给小伙伴们讲故事的自信让他显得特别帅。即使他不认识字，但是知道有人在听他的故事，他就会很认真地翻开书本，用一种带着翻译的口吻说，"这是说一个不爱家的小兔子的故事"。

我一听就憋不住想哈哈大笑，刚出声就急忙捂住了嘴，我不能打断他的思路，他要将"逃家小兔"翻译成"不爱家的小兔子"也没有错呀。菲力看了看书本说："应该是'想要离开家的小兔子'吧？"旁边的小朋友对菲力说："不许打断他。快点说吧。"小伙伴们感兴趣的神情，让豪豪讲故事的欲望变得越发强烈了。豪豪看着图片，说："兔妈妈有两个孩子，她们可不爱回家了，每天回家都要兔妈妈抓她们回去呢！"

其中有一个小朋友小声嘀咕说："我也不爱回家。"豪豪就对他说："那你妈妈也会把你抓回去的。"大家都哄笑着打闹了起来。

我给他们做了一个安静的手势，小伙伴们又安静下来坐好了。豪豪翻了一页，正好是小兔子在水里游泳的图片，他说："小兔子为了不让妈妈抓到就跳到了大海里，游泳跑了。"小伙伴们说："小兔子会游泳吗？"豪豪指着图片说："会呀，你看她不是在游泳吗？"

他把书轮着给大家看了一遍，这才继续讲下一页。"接着，兔妈妈拿了个萝卜用鱼竿钓起了小兔子。"讲到这里，豪豪自己忍不住大笑了起来，"小兔子变成鱼了。"

小伙伴们就这样一页一页地看图编着故事，有些说的和书本上相似，有些完全是天马行空，他们为了突出自己的故事的与众不同，都拼命地想着。

其中有一个日本的小姑娘，特别善于观察，她说这是一个喜欢和妈妈做游戏的小兔子。看到第一页的内容，她说是兔妈妈和她的宝贝在一起玩捉迷藏；第二页，她说小兔子藏到了水里，让小鱼儿帮忙保密，不要告诉妈妈她在这里；第三页，她说小兔子突然看到水里有一个大萝卜，自己的肚子又咕咕叫，就一口咬住了萝卜，却发现是妈妈站在远处拿着大鱼竿在钓她。

同样的一本书，他们都自由发挥自己的想象力，用不同的理解把这本书编成了几个不同的小故事。每一个孩子讲完故事，小伙伴们都会很热烈地鼓掌，我看到孩子们的脸上都浮现着快乐的笑容。

那天，小伙伴们回家之后，豪豪临睡前躺在床上，自己拿着一本书翻看着，看完之后又让我给他讲。我问他今天怎么这么爱看书呀？他说："我想多知道一些故事，下次可以多给他们讲。"

你看，一个小小的讲故事活动，马上就端正了他自觉阅读的态度呢！这样的活动是不是很好呢？这样既可以提高孩子的阅读兴趣，又可以召集小朋友一起玩，一起来讲故事，真是件有益的事！

03　孩子都喜欢生动有趣的立体书

立体书是一种很新奇的书，颠覆了传统的纸质平面书，有立体、多功能、会动的特点，能快速地激发孩子的探索欲、求知欲，已经风靡了百年，能直观、立体地让孩子理解事物、获得知识。

My Little Yellow Taxi（《我的黄色小出租车》）是豪豪最爱的一本立体书，讲述的是一辆的士出发前，要做各种检查工作：

第一步是要加满油，读这本书的孩子可以把加油的工具拿下来放到油箱口，看看要多久才能加满油，孩子自己可以控制时间。

第二步是打开汽车盖，检查车子的机油是否加满了。

第三步是检查四个轮胎，孩子可以动手把每一个轮胎都转动一次。

第四步是打开门看看驾驶座，检查后视镜。

第五步是打开汽车置物箱，检查里面的物品，可以放一些苹果、饼干、奶酪、工具等物品。

第六步是系安全带，启动测验，检查收费系统。

最后一步是开启的士灯，等待客人的到来。

这本立体书，对应文字所描述的内容，也就是每一步检查的过程，书上都设计有相应的部件可以动手操作，让孩子切身体验的士出发前检查时应该做的步骤。

这样，一本关于小出租车出发前的故事就变得生动、形象，不仅视觉上可以给孩子强烈的冲击，提升孩子的阅读兴趣，而且让孩子通过动手学习到更多知识。我当初拿这本书送给豪豪时，他高兴地天天抱着这本书睡觉，每天都要动手重复书中的动作，边做边讲。之后有一段时间，我和豪豪的爸爸一看到这本书就很头疼，因为讲到已经可以背出来了，他还要继续玩这本书。而且小侄子来我们家的时候，我也给他讲过这本书，结果他的兴趣也非常浓厚，每晚都乖乖地等着我给他讲。

立体书真的有这么大的魅力吗？我想是的，更重要的可能是孩子觉得在他动手的时候，好像真的在操作一辆汽车一样，毕竟现实中孩子可没有机会亲自给汽车做检查。反复读过这本书之后，我发现豪豪已经可以对这本书的内容倒背如流了，有时候和爸爸出门，他看着爸爸检查车子，也会按照这样的步骤给爸爸提一些意见。

立体书有很多类型，例如豪豪对恐龙很着迷，在买了汽车书之后，我又买了一本有关恐龙的立体书，来帮助他更好地了解与恐龙相关的知识。但是对一个三四岁的小朋友来说，单靠立体图片来加深印象，是远远不够的。在读过这本书几天之后，豪豪对恐龙立体书的兴趣就减少了。于是，我偏向于再给他买可以让他动手操作的那类立体书。

当然，我建议家长在给孩子选择立体书的时候，要注意书的内容以及它的可操作性，并且要明确孩子的兴趣。比如男孩子喜欢汽车、机器人之类，女孩喜欢芭比娃娃、小动物之类。针对孩子的年龄和性别来选择立体书，才会更好地激发孩子的阅读兴趣，发挥立体书应有的价值！

立体书以它独有的特点吸引着孩子们，它不同于普通的纸质书，却更有趣味，提升了孩子的阅读兴趣，是一种不可多得的阅读启蒙书。

04　选对科普书，激发孩子的好奇心

孩子的思维比较简单，他们会追求简单的快乐，会为了某个行为而莫名地兴奋。有时候，我们甚至不知道他们为什么对很常见的事物都充满好奇。

一天我看到一套书叫《神奇校车》，讲的是百科常识。以前我和豪豪读过英文原版，他一直对这类有点神秘的科学知识丛书比较感兴趣。这次偶遇中文版，我觉得对正在学习中文的他来说，正可谓及时雨。

豪豪刚读这本书的时候，以为是漫画书。那时他认得的中文字不多，还不能完整阅读中文书，所以自然而然就爱上了中文的漫画类图书，通过图画来猜测故事情节一直是他阅读的一种方式。

我认为这种阅读方式并没有什么不好，能锻炼他的想象力，不用拘于作者的思维。那天，我看到他聚精会神地窝在沙发的一角翻看这本书，便好奇地走过去。他立刻抓住了我："妈妈，给我讲讲这个故事。"我看了一下，原来是其中一册讲关于电的科学故事的。准确地说，它也不能算是故事书，应该是科普书，从生活中常见的科学现象展开讲。

于是我问豪豪："你知道我们生活中有多少东西需要用到电吗？"

他掰着手指一个一个边数边回想："电视，电灯，电风扇，空调，遥控器。"他站起来在家里走了一圈，一边走一边看一边继续报着和电有关的家电，"电脑，门铃，电饭煲……"家里用电的东西真的太多了。他从客厅走到厨房然后到卧室，兴奋地指着和电有关的东西。

我问他："那你知道这些电器是怎么工作的吗？"他很自信地对我说："把插头插上插座，然后打开电源就可以了。"那表情似乎在说"妈妈，你连这个也不知道吗"，我先点头肯定他的回答，接着问："那我们可以玩插座、插头这些和电有关的电器吗？这些电器可以当我们的玩具吗？"

我之所以这么问，是因为他之前曾很好奇地研究过插座，那时我就教育过他不能玩插座，但仍然想利用这本关于电的科普书再教育他一次。看到他尴尬的表情和肯定地说"不可以"的答复之后，我这才打开书读给他听。

这本书内容有点长，有很大一部分是需要较多时间去理解和消化的。故此，我分成两天给他读这本书。

这本书先以问答的形式把孩子的注意力吸引到关于电的问题上，接着，在孩子充满好奇的时刻解释关于电的产生过程，中间还穿插老师带着孩子出去玩遇到关于电的事故，然后教育孩子要安全接触电。这时候又出现了类似原子、电子、绝缘体等比较专业的词汇。书本中有一些漫画图片做了相应解释，可以更好地帮助孩子理解电流的形成，原子和电子的关系，电是怎么产生的等问题。

之前，孩子爸爸带着他玩过检测电压的工具，这对他形象地理解这些词汇有着很大的帮助。在读到绝缘体的时候，我顺手拿了家中现有的一些东西来教他认识什么样的东西是绝缘体，比如皮革手套、枕头等。

我指着电视电线的外壳对豪豪说："你看，电流就在这个黑色的线里面，可是你知道为什么要套一个黑色的橡胶皮吗？"我让他摸电线，问他有摸到电流的感觉吗？他摇摇头。

然后我引导他去想："你觉得这里面有电流吗？"他想了想，说："应该有，不然电视怎么开呢？"

"对，豪豪很聪明。但是为什么我们知道这里面有电流，却感受不到呢？"我给了他几秒钟的思考时间，然后让他看着书的图片告诉他，因为这层黑色的橡胶皮叫绝缘体，可以把电流隔绝起来，这样我们就可以安全地使用电了。

豪豪很快就理解了什么叫绝缘体。

当阅读百科类图书又结合着生活常识时，孩子的好奇心、好学心还有理解能力都会加倍迸发，让亲子阅读渗透生活教育，这样的阅读便更有意义了。

05 用孩子喜欢的明星扩展其阅读兴趣

豪豪对运动的酷爱俨然已经在亲友群的范围内人尽皆知了，但凡认识豪豪的小朋友及小朋友的家长都十分欣赏他热爱运动的热情。

豪豪尤其喜欢球类运动，若是有人和他谈论棒球、橄榄球、篮球或者足球，说不定还真没有他熟悉游戏规则。在豪豪喋喋不休地教导我怎么看球的时候，我曾在心里不止一次默默地为他盘算将来的出路：也许有一天，豪豪可以做体育频道球类运动的主持人或讲解员，反正他话多、耐心足，一说到球，总是热情四射。

看到豪豪对球类运动几乎到了痴迷的程度，我们自然也会为他买一些关于球类运动的书，包括球星的传记等。小家伙如今的阅读能力长进不少，即便是遇到复杂的单词，也会自己学着理解和拼读，也因为看球类电视节目多，非常熟悉关于运动的专业用语，他能很轻松地拼读一些词。我们一起阅读运动书籍时，他往往还要纠正我某些专业词汇的发音，而确实有些单词我觉得很陌生。我有时候甚至会想，到底是我在引导他读，还是他在引导我读？可是无论谁给谁读，都其乐无穷。

　　读运动主题书的那段日子，每天清晨豪豪起床的第一件事情并不是去刷牙、洗脸，而是拿着那本可能已经反复念了多遍的书坐在餐桌前先看一看。而每日临睡前，不管多晚，即使我们已经读完了其他主题的书本，他也依然会翻看一下这本运动书其中的一页，然后和他的爸爸讨论一番。

　　我曾经给豪豪订阅过一本 *Football Superstars*（《超级橄榄球明星》），里面每一页介绍一个橄榄球球星，主要是说这个球星的成长史以及他们最为擅长的动作和在队中的职责。我个人对橄榄球可以说一无所知，除了这几年略微知道了一点 touch down（持球触地得分）之类的动作术语，我连个伪球迷都称不上。尽管豪豪已经打了两年的橄榄球，但是我依然对它毫无兴趣。可是小家伙是真的很爱打橄榄球，他爸爸不在家的时候，他就会缠着我念这本书给他听。终于我对橄榄球算是有了一点基本的认识了。

　　我觉得这本书最有价值的教育引导性在于，向孩子们讲述了人生的成功之道：大多数球星的成长不是一帆风顺的。就好比说 Jody Nelson（乔迪·纳尔森），高中时，他一直是 quarterback（四分卫）位置上的好手，可是在美国打这个位置的好手太多了，他根本就不出众，甚至当初没有好一点的大学球队想要他。为此，他只能上 Kansas State University（堪萨斯州立大学），然后勇敢地去橄榄球队毛遂自荐。

　　豪豪问我说，为什么他打得好却没有大学的橄榄球队要他。我告诉豪豪，因为太多人打得好了，除非他的技术全面，否则仅仅凭一个技能是很难被选拔的。

我们又讨论了为什么 Jody 后来会被发现而成为橄榄球明星。我告诉豪豪，有时候机会是靠自己争取来的，若是没能让别人发现自己的特长，自荐也是一种很可行的方法。当然，你若是很喜欢某一种运动，应该掌握每一个位置的技能，让自己的优势最大化。就好比 Jody，他最后不是因为 quarterback 而出名，而是因为他是 one of top receivers（顶级接球手之一）。而在最终成名之前，他还做过各种各样辛苦的工作，但他的生活中从未缺少过橄榄球。

让孩子阅读他所崇拜的一类名人的故事，就是用事实给孩子人生教育，一方面可以帮助豪豪更加了解他喜欢的明星，比如 Jody Nelson，另一方面让他理解了每个人的成功都面临竞争，需要更多地培养自己的特长。

就在我写这篇文章的时候，豪豪还拿着那本书跑过来对我说："你知道去年哪个球队赢得了冠军吗？"然后他很熟练地看目录，找到了相应的页码，给我看了那个他认为让球队赢得冠军的重要英雄。我发现他是真的能够自主阅读，知道通过目录来查找内容了。（这是不是有利于以后我教他查字典呢？）

他也真的学会思考了，懵懂中也明白了努力的意义。例如那一年在打球时，他的一些表现已经展现出他知道像明星球员一样努力拼搏。在此前的一年，我发现豪豪打球的表现很一般，我本以为是他打得多了有点倦怠，但观看了几次他的比赛，我发现原来是他的惰性在作怪。当我们一起阅读了大量运动明星的成长史后，他变得积极起来，比如之前在棒球训练的时候，短跑的速度慢是他比较薄弱的环节，现在他在家的时候，会自己在车库门口跑来跑去地主动练习。

从孩子生活中的兴趣出发，扩大孩子的阅读主题范围。反过来利用这样的主题阅读，可以帮助孩子获得智慧与前进的动力，提升孩子在生活中的积极性。

06 让阅读成为助力，孩子自然爱学习

孩子到了不同的年龄，阅读的需求和方式会相应改变。

给孩子读读书、讲讲故事，听起来是一件很简单的事情，实际上里面深藏着很多窍门。

孩子1岁时，我们只需要给孩子讲故事，任由专注力还不强的孩子在身边不停地来回爬动也没关系；孩子2岁的时候，为了规范孩子的行为，我们可以选择一些简单易懂的讲道理的绘本，在阅读中引导他正确认识自己的行为；孩子3岁的时候，我们可以观察孩子的喜好，选择一些他感兴趣的主题绘本；孩子4岁的时候，到了给孩子讲道理的年龄，我们可以找一些深奥一点的习惯培养、性格养成的书，让孩子自己领悟；孩子5岁的时候，他的阅读能力会比较强，一天甚至可以读5本以上的小书。这种走马观光式的绘本阅读法，我个人不算很喜欢，但对孩子来说，其实问题不大，反正每一本书他也不是只看一次，少说也要看七八次。孩子记性好，多看几次便记住了。

总之，在阅读方面，我们不要给孩子压力，更不要给自己压力。阅

读本就是为了培养孩子的习惯、爱好，这个过程中，我们应尽量让他感觉阅读其实是可以让自己很轻松、很开心的事。

我也一直认为，让孩子爱学习，除了天性，就是要有方法引导。一个好的方法比无用的机械操作强100倍。所以，家庭生活中我分配给豪豪学习的时间极少，只要求他认真即可，因为1分钟的认真远比10分钟的磨蹭更为有用。

生活在美国的中国家长，始终把孩子的中文学习当作一块心病。大部分华人家庭都会把孩子送入中文学校，即使一个星期只上一次课，也是乐此不疲地往来接送。我现在不确定未来的某一天自己会不会也让豪豪加入这个中文学习的行列，但就目前来说，我是完全没有这个想法的。因为从豪豪最近一年的学习情况来看，每天在家教他几分钟已经远比邻居的孩子在中文学校学习的效果好，所以也就没有必要折腾自己和儿子了。

有人问我，在学习方面你是怎么教豪豪的？我现在用的方法很简单，也就是尽量借助阅读的力量。美国小学的老师都不给孩子布置很多作业，我自然不会特意为了给孩子增长知识就增加练习。通常我会在陪他阅读的时候，借助讲故事有意识地给他强调一些书本知识罢了。

也有人问我，你家豪豪的阅读习惯保持得好，具体是如何利用阅读帮助他更有效地学习呢？我有3种实践过的方法分享给大家。

准备3本简单的绘本，一本为中文，一本为英文，一本为数字。

在美国的华人孩子，从5岁开始学校学的就是英文字母和数字，我们在家同步学简单的中文。为了防止孩子们对拼音和英文的混淆，我们不要这么早教孩子拼音，先从字的结构开始，在读绘本的时候尽量找些简单的来让他读。一天他记住一个字就好，多了也没有意思了。记住的这个字我写到纸上，让孩子描上几遍，把笔画的顺序记住就好。

在给孩子读英文书的时候也是同理。孩子学英文和学中文的方法不同，英文的学习不是单纯为了学习一个单词，而是要让他知道以同一个字母开头的单词有什么特点，然后记住这个字母的发音，以及和后面字母结合后的发音。在这方面，我会找一些同一字母开头的有趣的绘本帮助他学习。英文的基础是音标和发音，通过音标和发音，孩子就可以准确地拼写出单词，这是至关重要的英文学习基础。所以我就让豪豪每天把这些书本像唱歌似的背着，一天只要能记住一句就很好。

关于数字书，不用怀疑你看错了，不是数学书，是数字书，我确实是为他准备了baby（婴儿）读的数字书。也许你不信，我确实这么做了。只是阅读的方法变一变，我不是指着数字让他念，也不是指着图画上的苹果让他数。5岁的孩子早过了数数字的年龄，虽然我从来没有刻意教过豪豪，但他自己可以数到100，只是中间偶尔会漏掉几个数字。对5岁的他来说，要学的是10以内的加减法，我会找一张有10个苹果的图片，把10个苹果遮住1个，假装让豪豪吃了1个，然后问他，吃掉了1个，还有几个呢？我们每天都会玩几分钟，这样可以让他不用思考就知道10以内的加减法，而且游戏式阅读总会让孩子更为兴奋。

从让孩子自己讲故事开始，锻炼他的写作能力。

我们在给孩子读故事的时候，不要朗读一遍就完了，还要再把每一页的重点提炼出来，告诉孩子。去掉修饰语，故事的内容可以用关键字词组合起来，这样他就记住这个故事的大纲了。比如说，"佳佳戴上红色的鸭舌帽，穿上球鞋，背上背包准备去郊外春游。"念完了这一句，我们要告诉孩子，这句话是说"佳佳要去春游"，比起前一句，孩子更容易记住后一句。如果故事太复杂了，孩子就可能会知难而退。

整个故事讲完后，孩子不可能记住那些复杂的修饰词，但是孩子记住了这个故事。我们再问孩子"这个故事说的什么呀"，他就可以很快地说出来。

他能用自己的语言将故事内容再组织一遍，最起码他会尝试用自己的话把想讲的东西大致说出来。这种阅读方法其实是在为孩子今后的写作打基础，至于那些修饰词语，他在后续几遍阅读中可以慢慢填充。

阅读前，让孩子把自己会的字先指出来，不枯燥地达到温习的目的。

我通常每天让豪豪认识一个生字，基本上一星期前四天可以认识四个字，星期五重复一次，周末休息，不再学习新字。一个月时间不到，小家伙也认识了不少字，每次看到书上有自己认识的字，就会很高兴地指出来念给我听。有时候，他也会根据图片和自己认识的为数不多的几个字去猜故事讲了什么。

我觉得这种方法很有趣，即使孩子讲的和书中的内容有些出入，但是我从不纠正他。

经过几次刻意练习，豪豪已经习惯每次阅读前先把书本上自己认识的字一个一个地找出来，这时我也会在旁边提示或修正。这样其实是在不知不觉中从他感兴趣的找字游戏中悄悄地复习之前他学过的字，他也不会感觉麻烦和枯燥。

总体来说，借助这些阅读方法，我每天让豪豪花在学习上的时间很少，但基本上都能寓教于乐，通过读书达到不同的目的。

这对孩子来说，也是件开心的事，因为他每天做的是自己喜欢的事。

对我来说，让孩子能高兴地学习也是我快乐的源泉。我自始至终都认为孩子的学习不应该成为一种负担，而应该变成一种习惯、一种自觉，当他没有感觉到学习这件事枯燥的时候，他是渴望去学习的。

07　故事化阅读让亲子陪读更有趣

　　早教是一个播种的过程，阅读也是一种习惯的培养。

　　早教不应该太功利，也不应急于求成，追求立竿见影。阅读也一样，给孩子读书的最初几年，也许并不能明显达到你所期望的效果。比如我家孩子在三岁之前，阅读方面的表现并不明显，但到他三岁之后，我突然发现了阅读带给他和我的 N 个好处。

　　有人说种树的最佳时间是二十年前，养儿育女的我们也需要有这个意识，不急于求成，也不临时抱佛脚。孩子的成长需要一个过程，我们在早教时期对孩子的性格和生活习惯培养做出的努力，可能都不会显现立竿见影的效果。但是我们不能等到孩子学龄期的时候，才开始培养孩子阅读的习惯；我们也不能在孩子出问题时，再去纠正孩子的性格。

　　早教的目的就是未雨绸缪，预先把苗根扎牢了，把习惯养成了，这些都会让孩子在今后的人生道路上受益匪浅，也会让你对自己曾经的努力开怀大笑。俗话说得好，"三岁定终生"。为何这么说，大家其实都明白，所谓的"定终生"，定的是性格、思维方式和行为习惯。

　　闲话说了一堆，转回正题。有不少朋友曾问我，我们一般要给孩子讲什么早教故事？

　　就我来说，我从不限定故事的类型，因为我认为应该全面培养孩子的阅读兴趣。当然在孩子年龄小的时候，我一般以绘本为主，有文字的故事书为辅，也会读一些无字书，让孩子自由发挥想象力。另外我也会给孩子看一些百科书，就是有很多动物、植物或星球图片的书等。

　　给孩子讲故事不仅仅是念和看，还要有一些技巧来激发孩子的兴趣，让孩子把阅读当成一件很有趣的事情，从而帮助他们养成坚持阅读的好习惯。

　　在陪豪豪阅读的这八年中，我总结了早教阅读故事化的三个技巧，希望对大家有所启迪。

一、把故事生活化

　　有些故事本身就是很生活化的，比如类似《我不想长大》《我是妈妈的好帮手》等绘本，我们可以在给孩子讲这些故事时，把主人公的名字换作是孩子和我们自己，一下就把别人的故事变成我们自己家的故事，让孩子感受故事中角色的行为。这种方法会帮助孩子在生活中更主动地追求自立。

　　所以故事化阅读可以不那么一本正经、枯燥严肃，读生活化的书，我就经常让豪豪当故事中那个帮我做事、喜欢助人为乐、喜欢分享的孩子，从而让他在主观意识上觉得日常生活中自己的行为就应该像故事中一样。

二、让孩子给我们讲故事

年龄小的孩子阅读时，可以隔一段时间重复读一些他喜欢的童话故事。孩子的记忆力通常比我们好，为了增加阅读的乐趣，我们可以让孩子做给爸爸妈妈讲故事的游戏，一来可以提高他的语言组织能力，二来可以锻炼他的记忆力，三来可以增加他对故事的兴趣，四来可以开发他的想象力。

阅读本身就是一个亲子互动的过程，我们可以给孩子讲故事，孩子也可以给我们讲。

当初因为我曾给豪豪买过几本无字书，从而激发了让他给我讲故事的想法。每次看到同一本无字书，他会讲出不同的故事版本，我就会惊叹他的想象力。有时候，他会因为书中同样一幅图画而产生不同的疑问，我会把他的疑问都连起来，引导他组成一个故事。现在的他，更喜欢自己看书、自己编故事。每次他讲故事，我都会把他讲得好的部分提出来表扬他，也会在我认为讲得不够好的地方以提问的方式做引导。

自始至终我都觉得，孩子自己讲出的故事就是他的理解，也可以增加我们对孩子的认识。

三、读故事的时候，手要指着字的下方，速度要慢

这样做的好处是让孩子在无意中接触了一些字，加快今后的认字速度。这个过程中，我们并不强制孩子记住这些字，只需要让孩子对字体获得直观感觉、产生兴趣。

这样读故事还有一个好处，就是让孩子记住故事的更多情节，在后续的亲子互动中我们可以对故事细节做更多讨论。

在豪豪的成长过程中，我就一直坚持用这个阅读方法。我发现这样读几次后，他竟然很快就能认识书名上的一些简单字。他曾经有过无意识地用手指比划字的笔画的举动。在我看来，这些都包含着他认字的愿望。

我并不推崇让孩子太早认字，我一直觉得孩子就应该什么年龄做什么事情。不过这样的认字都是无意中的一种行为，我不是真的教，更不会对结果有要求，不过是当作增强他的记忆力和兴趣的阅读游戏罢了。

我想很多家长都有过孩子反反复复地让我们讲同一个故事的经历，他会因为自己的兴趣而一次又一次地要求我们去读同一本书。这是孩子喜欢阅读的一种表现，我们应该不厌其烦，同时在给孩子阅读的时候多增加一些趣味性，淡定地和孩子一起享受快乐从容的阅读时光。

08　用了这7个游戏，还有孩子不爱阅读吗

在豪豪的爸爸的影响下，豪豪对球类运动的喜欢可以说达到了标准的美国粉丝水准，他天天和爸爸不是在外玩球就是在家看球赛。每年"童子军"的夏令营开始后，他在外累了一天，回到家居然还想着看一会儿球赛。

我在心里暗暗担心他好不容易培养的阅读习惯会不会被打破，我妈妈的话也一直在我脑袋里回转："别让孩子玩野了。"

暑假开始的那两天，我在图书馆给他借的书他根本不能在规定的时间内看完。除了躺在床上赖着我给他讲睡前故事之外，他很少主动自己去翻看。为了改变这种状况，我决定想一些点子来提升他的阅读兴趣。

一、在旅行中实现美景和书本的结合

暑假期间，大部分家庭会带着孩子出门旅行，旅行途中我们会看到很多新鲜的事情发生，也能让孩子欣赏大自然美好的一面，比如日出、日落、沙滩等。在出门旅行前，我们可以预料一些孩子可能会看到的美

景，借阅相应的主题书籍，让孩子在旅行途中通过美景与书本的结合，加深他对旅行的印象，在无形中丰富孩子的阅历，提高写作水平。比如说，我借一本关于讲太阳为什么会升起与落下的书，让豪豪在欣赏日出和日落的时候，懂得太阳东升西落的自然规律。

二、让孩子创作属于他自己的书本

我让豪豪把参加夏令营时一天中遇到、看到或者听到的自己认为印象最深刻的事情记录下来，并且写成一个小故事，配上插图。这样他就是一个小作者了，然后我会告诉他我最终会把他的小故事汇集编成一本属于他的暑假之书。这让他很有成就感，也刺激了他阅读和写作的动力。

三、每一个星期选择一个亲人，让孩子给TA念一本书

这个别开生面的阅读活动，不仅可以让孩子多读一本书，让他更深刻地理解这本书的意义，还可以让孩子通过给外公外婆或者爷爷奶奶念书，增进与长辈的感情，学会孝顺老人。

即使祖辈不在身边，如今网络发达，视频等通信工具也非常方便，大可以利用起来，让孩子和远方的亲人用视频阅读搭起一座亲情的桥梁。

四、食谱书籍也是让孩子学会生活的一种方式

我们可以根据孩子喜欢吃冰激凌的特点，找一本关于制作冰激凌的书籍，和孩子一起研究、制作各种各样的冰激凌，可以每日做一款或者

一周做一款。在做冰激凌的过程中，孩子会通过阅读食谱和食谱上的图片寻找自己想要的冰激凌做法，这样既读了书又学会了自己制作食物，可谓是一举两得。

五、每日讲一个笑话

如果亲子之间没有太多时间互动，就可以找一些有笑话的小书本，每天给孩子说一个，这样不仅培养了孩子的幽默细胞，还可以让孩子开怀大笑，忘记疲倦和烦恼。每天给孩子说一个笑话，所用的时间极少，但可以增加亲子之间的互动以及填补没有时间给孩子阅读大本书的遗憾。

六、和孩子一起种下一颗阅读的"种子"

大部分孩子都喜欢种植植物，当他们想尝试种植的时候，父母就应该带着孩子找一个离家近的地方，或者直接在家里找一个小盆让孩子亲自种植。这时候，父母就可以去图书馆给孩子借一些关于植物栽培的书，抽空就给孩子讲一讲，让孩子了解植物的生长过程，感受一下大自然的神奇。

七、让孩子创造自己的游戏，写下自己的游戏规则

任何游戏都有自己的游戏规则。我们可以给孩子念一些游戏的说明书，教他游戏规则该怎么写，鼓励孩子利用废品制作一个属于他自己的

游戏，然后让他自己制定游戏规则。孩子都喜欢当家做主，把一切支配权都交给孩子，我们只听从命令，这种做法可以使孩子的思维更加活跃，也使之明白规矩的意义。

曾看到过一位作家的一段文字，我很喜欢：

海明威阅读海，发现生命是一条要花一辈子才会上钩的鱼；凡·高阅读麦田，发现艺术躲在太阳的背后乘凉；弗洛伊德阅读梦，发现一条直达潜意识的秘密通道；罗丹阅读人体，发现哥伦布没有发现的美丽海岸线；加缪阅读卡夫卡，发现真理已经被讲完一半。在书与非书之间，我们欢迎各种可能的阅读者。

其实我们可以让孩子阅读的载体无处不在，并不需要只固守在书本上。如果发现单纯地读书，让孩子的阅读兴趣下降了，我们就可以结合自家的情况，开动脑筋，用各种各样的方式来提高孩子的阅读兴趣。

小贴士：育儿好帮手，10本中文绘本推荐

《亮亮的成长故事系列》

这套书还是我在2011年回国的时候买的，当时我只看到了一套家庭篇。因为这本书适用于3—6岁的孩子，所以我在豪豪3岁的时候才给他拿出来看。书中的主人公亮亮在成长中所遇到的一系列问题，豪豪也会遇到，那么读这本书就会让豪豪加深对这些问题的理解，所以有时候用讲故事的方式去为孩子解释成长中的疑问是一种很有用的教育方法。

《我的感觉系列》

这套书非常适用于2岁的孩子，在2岁麻烦期到来的时候，孩子不懂怎么去表达，但是他们也有自己心理以及情绪上的变化。这套书就好像一本心理辅导书，可以教你一些方法去开解孩子，用动画的方式让孩子找到共鸣，从而找对方法处理问题。

《我有友情要出租》

每一个人的心里都会渴望友情，尤其是喜欢有人陪着玩的孩子们。孩子就是孩子，会因为想要的东西而忽略身边已有的东西，有时候友情也许已经在孩子的身边，孩子却看不到。这本书也从侧面教孩子理解"珍惜"的含义。

《米米系列》

这套书同样适用于1—3岁的孩子，比较简单地把孩子在这个年龄段的一些行为描写出来，通过幽默的表现手法说出了孩子的想法以及家长该有的态度。

《月光摇篮曲》

这本书里面有几个不同的小故事，我个人最偏爱的还是第一个故事——《月光摇篮曲》。整个故事字数相对于绘本来说有点多，但是适用于所有年龄段的孩子，我们可以用这个故事作为睡前摇篮曲来哄宝宝睡觉。而且就算孩子在我们的故事中睡着，我建议也应该坚持把这个故事讲到最后，唱着摇篮曲让宝宝入睡。

《蚂蚁奶奶搬家》

作者野军写了一系列这样的童话故事，我却只看过这一本，所以现在只能说这一本。这本书的故事寓意比较深刻，孩子可以从中学到一些科学知识。孩子要有一定的领悟力和理解力才能看懂这些童话故事，所以我建议给4岁以上的孩子读。我很喜欢这本书的地方是书中所讲述的那些善良的行为以及需要人动脑筋的思想。

《籽儿，吐吐》

1—2岁的孩子会有一些行为让父母很担心，比如说吃西瓜不吐籽之类。有时候父母一紧张，孩子更不知道自己做错了什么，所以我们可以用这本书来告诉孩子吃了籽之后会怎么样。整个故事用生动有趣的漫画讲述了一颗籽的肚中旅行记。

《天啊！错啦！》

这是一本挺有意思的书，讲述了一只小兔子捡到一条裤衩却把它当作帽子，而闹出了一系列笑话的故事。那么小兔子捡到的到底是裤子还是帽子呢？兔子坚持了自己的风格，到底是错还是对呢？这个故事告诉我们不论多少人说了多少种意见，只有适合自己、坚持相信自己的选择才是最舒服、最好的。如果根据这本书和孩子玩游戏，最容易让孩子开怀大笑，从而起到教育的作用。

《团圆》

我一直很想灌输给豪豪一个中国很传统的观念，那就是团圆的意义。因为我离家太久，对那份过年的感觉很是怀念，所以心里有一个很强烈的愿望，就是希望豪豪也可以记住中国年以及团圆背后的亲情。这本书很让我感动，每次给豪豪讲的时候，他都会让我多讲一点自己小时候过年的记忆。

《再见，小树林》

我喜欢关于大自然的书，更喜欢讲述关于环保概念的绘本。这本书不仅综合了人类与大自然相处的奥妙，更增加了孩子的想象力，同时也描绘了一些很现实的故事。

后记：

做一个不焦虑的妈妈，是给孩子最好的礼物

2017年新年的第一天，我问豪豪："你最想要的新年礼物是什么？"

豪豪开玩笑似的写了一张爱心卡送给我，上面写着"mom, off-duty"，然后很认真地对我说："我想你每天都开心。"

那一刻我很感动，因为孩子的回答是我未曾预料到的。

2016年的冬假，我们全家到婆婆家度假。整整两个星期我们几乎都泡在各个餐厅里，因为婆婆的身体状态不是很好，不能下厨做饭，加上豪豪的爸爸对故乡的食物很思念，于是我们干脆一日三餐去不同的餐馆品尝美食。看着豪豪拿着菜单仔细阅读时和服务员轻声说笑，我明显感觉他长大了，喜欢自己做主。老实说，这种感觉是复杂的，我既盼着他健康长大，又害怕他成长得太快。

冬假的这两周，我每天都很快乐，而我的快乐同时也带给了豪豪更多的快乐。豪豪的爸爸对我说："你看，妈妈一开心，全家都开心了。"

我知道这一年，自己曾很多次忍不住对豪豪和豪豪的爸爸生气。过完这个假期我才发现，让自己快乐也是人生需要学习的一课，特别是我在家庭里有了另一个身份——妈妈的时候。

　　回顾2016年在家有哪些事情总是容易让我生气，总结下来不过两点：

　　第一，对儿子豪豪的学习的担忧；

　　第二，对老公宠坏了孩子的担忧。

　　这次，把这两件事从另一个角度重新思考了一遍，我发现其实并没有想象中那么糟。比如对豪豪的学习，我其实知道是自己担忧过多。或许是因为我们周围生活的亚裔小朋友多，他们都参加各种兴趣班而且学习效果都颇好，但豪豪课余时间，除了热衷打球，学业方面的训练几乎不涉足，再加上身边的朋友经常劝我说有些兴趣课还是应该让豪豪去参加，所以我内心会有一些焦虑——这真的只是我自己一时的情绪使然。

　　豪豪参加的棒球比赛，一年有两个赛季，比赛的时间不固定，让我们没有办法安排周末去学习课程，多数时候是我在家教他。比如豪豪的中文课，至今没有去过中文学校学。这个过程中，我做得最频繁的事只不过是每晚和他一起阅读中文书籍，而识字之类的训练就很少。我想我的忧虑有一部分来自于担心误了孩子学第二语言的最佳时机。

　　新年后的这几天，我一直在思考这个问题。我问自己这些担忧该不该存在，最后得到的答案是，其实不需要。

　　豪豪几乎每天都会自己学习中文，我也每天给他读中文书，讲中国的历史；他也饶有兴趣地听。我给他的中文教育或许范围铺得太广，但从长远来说，即使他认和写的进度慢一点，但最终一定能更好地掌握中文。我又何必着急呢？

数学的学习上，豪豪的思维模式也颇像小时候的我，总是主动延伸自己所学的知识。这一点令我很安慰。

豪豪学习方面唯一不足的是，尽管他对阅读很感兴趣，每晚都要看一会儿书才能入睡，但他的写作能力还未有大的进步。但我坚信，任何学习的问题都是一个方法的问题，在培养他写作能力方面，我可以改进教法。

我也不能再过于依赖他的爸爸，总是把英语写作训练留给他爸爸负责；因为爸爸更喜欢陪着豪豪打球，而不是写作。在这个事情上，我俩的分工可以更明确一些。至于豪豪的爸爸过于宠爱他的问题，在我放手让他去辅导豪豪写作时，其实他的态度已经改变了很多。他会和豪豪谈心，讲关于读书的重要性。

豪豪的爸爸每个周末都会带他去吃美式的早餐，一直以来我都觉得这是一个不良习惯，那些都不是健康食品。然而这个假期我们一家人在餐厅的场景，让我体会到幸福的同时，也看到豪豪的成长，他像个小大人一样的研究菜单、独立点餐，礼貌地和服务员交流，吃饭的时候像个绅士。这一连串的行为让我明白，孩子的有些认知和教养已在日常生活中获得，不仅不存在我所担心的问题，而且也许大家都不相信，豪豪点餐时会先读菜单上食物的组成成分以及卡路里等数据（很多美国餐厅的餐牌上都有标示）。这是不是很神奇？

想了这么多之后，我觉得有一句话说得非常好——成长是一辈子的事情，在孩子教育这件事上，我们不能太功利，也不该急于求成。

很多人说养孩子是一件辛苦的事情，但就我们家目前的状况来说，我觉得很幸福、很快乐。豪豪长到 8 岁了，身心各方面的发展没有值得担忧的问题。而现在我察觉到的他身上的每一个变化，都让我看到了孩子成长的神奇。

新年我承诺给豪豪的新年礼物是让自己快乐。我想对读者朋友也许一个类似的愿望，面对孩子的成长，我们其实可以少一些焦虑，多一些快乐。做个快乐的妈妈，也是给孩子的一份礼物。